W0347828

L'enfant de 6 à 11 ans

Mise en page : Martine Debrais
Conception graphique : Véronique Laporte

© Larousse, Paris 2011
© Larousse, 2014 pour la présente édition

Toute reproduction ou représentation, intégrale ou partielle, par quelque procédé que ce soit, du texte contenu dans le présent ouvrage, et qui est la propriété de l'éditeur est strictement interdite.

ISBN 978-2-03-589611-7

L'enfant de 6 à 11 ans

Dr Gilles-Marie Valet

LAROUSSE

A celle, qui sans raison,
est partie bien avant l'âge.

Rien n'est moins raisonnable
que de vouloir que les enfants le soient.
Madame de Maintenon

Avant propos

Les histoires qui illustrent le texte sont toutes tirées de cas réels. Que les jeunes patients qui les ont inspirés trouvent en ces lignes mes sincères remerciements.

Les noms toutefois en ont été modifiés pour des raisons d'évidente confidentialité et dans le soin de respecter l'indispensable secret médical. Elles n'en restent pas moins authentiques dans l'esprit et le cœur.

NB : les mots suivis d'un * dans le texte renvoient au glossaire

INTRODUCTION

Comparaison n'est pas raison

À quand remonte votre premier souvenir ? Le plus émouvant, le plus drôle, ou juste le plus incongru ?
En cherchant bien, la plupart d'entre nous retrouveront des images de leur septième, de leur sixième année, rarement plus tôt ? : une entrée à l'école mouvementée, un Noël merveilleux, une réprimande de la maîtresse, une amitié éternelle… En dehors de situations particulières, traumatiques ou dont la charge émotionnelle est massive (un accident, ou une maladie grave, le départ d'un être auquel nous étions très attachés, un déménagement…), qui seraient survenues plus précocement dans notre vie et qui auraient ainsi marqué notre toute petite enfance, la plupart de nos souvenirs commencent après six ans. Et la période suivante est riche alors d'anecdotes plus ou moins heureuses, mais dont l'évocation reste sereine, jusqu'à l'adolescence. « Le vert paradis des amours enfantines, l'innocent paradis plein de plaisirs perdus » que chante le poète correspond à cette tranche de notre vie que nous considérons comme « notre enfance », qui commence à notre premier souvenir et s'achève à notre première crise d'ado.

Cette phase de notre vie qui s'étend de 6 à 11/12 ans correspond à ce que les professionnels de l'enfance appellent « l'âge de raison ». Et si notre esprit en garde de si bons souvenirs, c'est qu'elle correspond le plus souvent à une période de calme affectif, de découvertes sereines, d'apprentissages tranquilles. Et c'est bien ainsi qu'elle est fréquemment décrite comme l'évoque l'autre terme qui la désigne : « la période de latence ». Elle se définit donc à la fois en fonction de repères chronologiques – de 6 à 11 ans – et en fonction d'éléments dynamiques, une plage sereine cernée par deux périodes de crise – œdipienne et adolescente.

Or on pourrait s'étonner de ce paradoxe : une grande majorité des enfants reçus en consultation, pour des problèmes psychologiques divers, ont entre six et douze ans. Les soucis évoqués couvrent tous les registres, des difficultés scolaires aux troubles du sommeil en passant par des difficultés plus spécifiques, pipis au lit qui ne passent pas, dépressions, ou autres manifestations caractérielles.

« Et on me dit que ces enfants sont raisonnables ! » s'exclamait la maman de l'un d'entre eux. C'est qu'en regard de la période œdipienne dont ils sortent à peine, chargée de tension libidinale, de conflits psychiques, d'agitation pulsionnelle, et avant la déferlante qu'augure l'adolescence, la période de laten-ce apparaît comme une ère de repos. Mais cette phase d'accalmie ne l'est qu'en apparence.

C'est en fait une étape d'élaboration au cours de laquelle des éléments fondamentaux de la personnalité de l'enfant se mettent en place. En réaction aux pulsions de la période préœdipienne naissent des sentiments comme la pudeur ou le dégoût. De même, le respect que l'enfant ressent à l'endroit de ses parents prend sa source dans l'évolution des émois œdipiens qui progressivement se trouvent sublimés et déchargés de toute pulsion agressive.

Certes, ces pulsions sont toujours présentes, mais elles sont apaisées, car elles se détachent du seul but d'assouvir les tensions liées à l'excitation des sens, pour orienter l'enfant vers la recherche d'autre type de satisfactions. Celles-ci prennent en compte les interdits, les nouvelles règles de sociabilité, les nouveaux partenaires de vie et de jeux – copains, copines, maîtresse ou entraîneur. La problématique œdipienne trouve sa résolution en s'étendant en dehors de la vie familiale. Les parents sont concurrencés par les enseignants, les copains, les chefs de bandes. Les facultés psychiques de l'enfant se portent ainsi naturellement vers les apprentissages de toutes sortes, scolaires bien sûr, mais également ludiques, artistiques…

Son mode de pensée progresse, devient « opératoire » c'est-à-dire apte à faire des opérations où interviennent la logique, l'observation et la compréhension de son environnement. Or, l'enfant s'intéresse désormais davantage à ce qui l'entoure qu'à lui-même, et acquiert une meilleure perception de la réalité et du monde. Tout cela coïncide fort bien avec l'entrée à l'école primaire, qui caractérise cette période. L'enseignement comme l'éducation savent tirer profit de ces mutations, afin que se mettent en place les connaissances de base : la lecture, l'écriture, le calcul.

L'enfant commence à s'adapter aussi à de nouveaux rythmes plus réguliers, à une discipline plus stricte et aux règles de la vie en collectivité propres à l'école, aux groupes d'enfants, ou aux jeux. Le respect que lui inspirent ses parents n'empêche pourtant pas un regard critique parce que l'enfant sort peu à peu de la sphère strictement familiale.

Cette période intense et fondamentale qui prépare l'individu à l'adulte qu'il deviendra, n'est pas exempte d'écueils ou de difficultés.

Il apparaissait donc important d'en dresser un portrait détaillé, pour mieux la comprendre et prévenir les troubles qui peuvent s'y manifester. Le parcours de l'enfant de 6 à 12 ans va donc être abordé dans ce qu'il a de plus significatif.

Décrire l'enfant de l'âge de raison dans son environnement – la famille, l'école, les centres d'activité ou les clubs de sport – permet de comprendre comme il s'ouvre au monde. L'enfant devient capable de comparer son univers à d'autres ce qui concourt à sa maturation affective.

Il sera également question de sa santé, de sa vitalité physique mais aussi de son bien-être psychologique. Les troubles qui peuvent survenir – sommeil perturbé, tic, troubles anxieux ou dépressifs, difficultés scolaires, instabilité ou agressivité… – trouveront aussi leur description et leurs explications.

Afin de bien cerner les processus de maturation de cette période et de bien les comprendre, différentes pistes théoriques seront suivies.

Enfin, seront abordées les possibilités d'aide qui s'offrent aux parents et aux adultes responsables d'enfant lorsque ces derniers rencontrent des difficultés psychologiques qui risquent d'affecter leur devenir.

Cet ouvrage se veut également pratique. Aussi s'enrichit-t-il d'illustrations cliniques et de réponses aux questions plus spécifiques que les parents se posent et que les enfants soulèvent. Car l'enfant de cet âge est un enfant curieux. Cependant, il faut garder à l'esprit que chaque enfant est unique. Les éléments développés dans cet ouvrage sont davantage des repères qu'une norme intangible que chaque enfant doit respecter scrupuleu-

sement. L'expérience qui étaye cet ouvrage se nourrit de la rencontre et du suivi de nombreux enfants de 6 à 12 ans.
Leur histoire, leurs caractéristiques, leur personnalité, leurs défauts et leurs qualités, sont autant d'informations qui ont permis de dépeindre cet âge de latence, mais jamais il ne s'est agi de les confronter les uns aux autres.
Comparaison n'est pas raison.

Dr Gilles-Marie Valet

1

Des caisses de résonance

L'enfant dans son environnement

L'enseignement ne se limite pas à l'école.
Toute la vie, notre milieu est notre éducation,
et c'est un éducateur à la fois sévère et dangereux.
Paul Valéry, *Variété III*

L'enfant ne vit pas isolé du monde qui l'entoure... Les êtres qui sont le plus proches de lui, sa mère et son père, influent directement sur son devenir par les soins qu'ils lui prodiguent et l'éducation qu'ils lui transmettent. Et lui-même, en retour, agit sur ses parents en fonction de ce qu'il dit ou fait et, plus encore, simplement parce qu'il est et représente pour eux. Cela vaut également pour tous ceux qui pénètrent cette sphère d'influence. L'enfant interagit en permanence avec son entourage. Or, l'entrée dans la période de latence* est marquée par l'élargissement de l'environnement familial et social et par la multiplication exponentielle des axes relationnels.

L'enfant découvre d'autres horizons, et l'accès à de nouveaux modes de pensée lui permet de prendre progressivement conscience des réalités de l'existence, tant dans sa vie familiale que dans sa vie scolaire ou, plus largement, sociale.

Il acquiert ainsi un nouveau regard sur le monde, sur sa famille et sur lui-même.

L'enfant dans sa famille

La famille s'inscrit tout naturellement comme le cadre fondamental des premiers échanges. C'est la base essentielle sur laquelle s'appuie toute la construction de ce petit être humain en devenir.

Les facteurs d'influence sont prépondérants au sein de la famille car celle-ci occupe le premier rang, à la fois par sa place dans l'histoire de l'enfant, et par le temps qu'il y passe. C'est son premier milieu de vie : il y naît, y développe ses premiers échanges et y ressent ses premières émotions… Il y fait ses premières rencontres avec les autres, ses parents, ses frères et sœurs lorsqu'il en a, ses grands-parents, ses oncles ou tantes. La famille reste le principal lieu de vie car c'est celui où l'enfant, devenu adulte, reviendra régulièrement. Il y satisfait ses besoins vitaux (se nourrir, dormir…), et de nombreuses situations, toujours identiques dans leurs rituels (les repas, le coucher…), s'y répètent régulièrement et confèrent à cet espace cette valeur de référence.

Cependant, l'entrée dans l'âge de raison amorce l'ouverture sur de nouveaux espaces de vie. L'école, bien sûr, qu'il a déjà expérimentée entre 3 et 6 ans sur un mode encore maternant, mais également d'autres lieux propices aux échanges et aux rencontres : les clubs de sport ou les centres d'activités culturelles et artistiques sont autant d'univers de découvertes relationnelles où la confrontation avec des enfants et des adultes différents de ceux qu'il a jusqu'alors côtoyés va modifier insidieusement sa conception du monde.

Évaluation des modèles éducatifs

On peut évaluer les pratiques éducatives selon un axe borné par deux systèmes de valeurs opposés :

• Dans le premier système, la priorité est donnée aux valeurs de conformité à la norme : politesse, propreté, obéissance...

• Dans le second, une plus grande importance est accordée aux valeurs d'initiative, d'originalité, de détermination individuelle : curiosité, respect des autres, esprit critique...

Le curseur peut ainsi se déplacer vers l'un ou l'autre de ces extrêmes, selon la priorité accordée par les parents à ces deux systèmes de valeurs. Les principes éducatifs vont s'appuyer soit sur un contrôle externe et immédiat du comportement de l'enfant ; soit sur des formes de contrôle moins rigide, laissant plus de place à l'initiative de l'enfant.

Parallèlement, on distingue trois types de structuration des attitudes éducatives :

• Une structuration rigide, où la priorité est donnée aux règles et aux lois, avec une faible tolérance aux changements.

• Une absence de structuration, de régularité dans le fonctionnement, les réponses proposées sont aléatoires et changent à chaque événement, sans raison apparente.

• Une structuration souple, intermédiaire, qui propose un cadre stable et cohérent, permettant à la fois le respect des règles et des lois, et des variations possibles lorsqu'une adaptation du cadre est nécessaire.

Le rôle du milieu familial

Il s'organise schématiquement autour de trois axes : subvenir aux besoins de l'enfant, lui permettre les apprentissages nécessaires à son autonomie et transmettre les codes et les valeurs qui lui sont propres. Selon son âge, l'importance de ces missions est variable.

Avant 3 ans, la famille va fournir l'ensemble des soins et la protection indispensables au bon développement de l'enfant, tant sur le plan physique que psychologique. Il en va de la survie la plus élémentaire de ce tout jeune individu, incapable de la moindre autonomie. Au cours de cette période, la famille est également le lieu de multiples apprentissages qui concernent les compétences de base : marcher, parler, utiliser les objets nécessaires à ses propres besoins (la fourchette pour s'alimenter), à ses soins (le savon, la brosse à dents pour se laver) ou à son éveil (les jouets pour apprendre ou s'amuser). L'enfant de 6 ans et plus gère tout cela très bien, et requiert maintenant de la famille qu'elle l'incite à étendre ses connaissances à des domaines qui lui échappent, afin d'accroître encore son autonomie. À ce titre, les années à l'école maternelle constituent davantage une phase de transition qu'une véritable rupture, comme nous le verrons ultérieurement. En effet, elles permettent de transposer dans un ailleurs (l'école) et avec d'autres (les maîtresses et les assistantes maternelles) ce que l'enfant fait chez lui. De 3 à 6 ans, l'enfant est dans ce que l'on pourrait appeler un « âge de prélatence », qui correspond d'ailleurs à la résolution du complexe d'Œdipe*, l'indispensable clé qui lui ouvre la porte de l'âge de raison (voir chapitre v). Enfin, la famille a pour fonction la transmission des représentations et valeurs collectives. Chaque groupe familial évolue dans une société qui possède et transmet un ensemble de valeurs suivant des données culturelles, historiques, politiques, économiques ou religieuses qui sont les siennes. Et chaque famille détient elle-même ses propres codes : caractéristiques et essentiels, ils sont les fruits d'une histoire singulière, et plus ou moins en concordance avec ceux érigés par la norme sociale. Les membres de la famille constituent les premiers individus dont l'enfant se différencie dans un ensemble, où il trouve sa place et occupe une fonction qui lui est propre, dans un jeu d'interactions relationnelles entre parents et enfants, frères et sœurs. L'enfant de plus de 6 ans se trouve confronté à d'autres groupes sociaux et à la multiplicité de systèmes de valeurs. Certes, le sien reste dominant, mais il est interpellé par celui de ses pairs, et celui du système dans lequel il est amené à évoluer. Ainsi, sa place ne sera pas la même à l'école ou au centre aéré, dans un groupe où tous les enfants ont son âge avec des adultes extérieurs à sa famille. Les attentes, l'attention qui lui est portée, seront différentes. Les variations perçues d'un lieu à un autre bousculent parfois le sentiment de stabilité construit au sein de sa famille, et favorisent les remaniements psychoaffectifs de l'enfant de l'âge de latence.

Le hockey c'est le chaos

Martin est le troisième d'une fratrie de cinq garçons. C'est un élève studieux, et un enfant poli et posé bien que plutôt vif. À son entrée en CE1, un peu lassé de ses mercredis au centre aéré, il demande la possibilité de pratiquer un sport collectif. Son choix se porte sur le hockey sur glace, après avoir vu un match à la télé, et surtout – précise-t-il – « pour ne pas faire comme ses frères qui font déjà du foot et du rugby ». Il se révèle être un joueur brillant et, rapidement, il est promu capitaine de son équipe. Pourtant, à la maison, il se met de plus en plus en retrait, devient taciturne, refrénant parfois des mouvements d'humeur contre ses frères et refusant catégoriquement que son père vienne le voir jouer. Bravant l'interdit filial, le père assiste épaté au dernier match de l'année scolaire : son fils est un vrai bulldozer sur la glace, tour à tour fin stratège, habile passeur et fonceur dans la masse. Son équipe gagne la coupe, et Martin remporte tous les honneurs. Toutefois, lorsque son père vient le féliciter, Martin affiche une drôle de mine, semble gêné, et se dépêche de se changer en écoutant d'une oreille distante les propos élogieux.

« Et il a la victoire modeste en plus ! » clame le père fièrement en le serrant dans ses bras. Cette accolade, en quelques secondes, modifiera beaucoup de choses…

Mais le père ne connaîtra jamais le dilemme qu'a vécu son fils, partagé entre deux univers : celui de son club de hockey, où il apprend que pour gagner il ne faut pas hésiter à donner des coups de coude, et celui de la maison, où ses parents lui inculquent des valeurs de respect de l'autre et de non-violence…

L'avis du psy

Martin trouve auprès de son entraîneur une attention particulière, plus soutenue sans doute qu'au sein de sa famille, car ses aptitudes naturelles pour ce sport le distinguent rapidement des autres enfants de l'équipe. Une relation d'allure filio-paternelle se tisse, à plus forte raison que l'équipe de hockey, qui se compose de cinq joueurs de champ (et d'un gardien de but), fait écho à sa propre fratrie où Martin passe plutôt inaperçu. Mais il vit cet attachement comme une trahison envers son propre père, d'autant plus vive que les qualités nécessaires pour le jeu (esprit de compétition, combativité…) lui apparaissent en opposition avec ce qu'il pense être les valeurs de sa famille (calme, respect et écoute de l'autre, non-violence…). Le conflit de loyauté qui le divise entre son père et son entraîneur (il redoute de devoir forcément choisir un « camp ») est générateur d'anxiété, de doutes, notamment identitaires, qui peuvent expliquer ses moments d'irritabilité, de tristesse ou de repli sur soi. À la fin du match, le père, en ratifiant symboliquement d'une accolade chaleureuse l'adhésion de son fils à son sport d'élection, établit un trait d'union entre ses deux univers et met fin à ce conflit.

Les relations avec les parents

Les remaniements psychoaffectifs auxquels l'enfant est soumis durant la période de latence, affectent directement ses relations avec son entourage familier et tout particulièrement ses parents. La façon dont ceux-ci vont faire face, et notamment la sérénité avec laquelle ils vont répondre aux indices de cette évolution, joue un rôle important dans le devenir de l'enfant et la qualité de ses relations ultérieures.

Les particularités de la famille Une famille a, le plus souvent, à peu près l'âge de son aîné, lorsque ce dernier n'est pas le fruit d'une liaison antérieure, comme cela peut être le cas dans les familles recomposées. Aussi, quand l'enfant atteint sa sixième année, la famille compte derrière elle plusieurs années de vie. Elle va être peu soumise à des variations au cours des années de latence : ses bases sont installées et, s'il ne survient pas d'événements traumatiques, malheureusement toujours possibles, comme un accident, une maladie grave, un décès ou simplement la séparation des parents, elles évoluent peu, bercées par les habitudes et des fonctionnements réguliers.

Les parents sont des adultes dont la personnalité, le caractère, les modes relationnels sont relativement fixés. Certes, les épisodes de la vie quotidienne peuvent influencer ponctuellement leurs réactions ou leurs attitudes, mais cela n'affecte pas profondément leur structure psychique et affective. Ils demeurent ce qu'ils sont devenus au fond d'eux, et les contrariétés familiales, les difficultés professionnelles ou financières sont des arias qui viennent simplement s'ajouter à la mélodie du quotidien. Cette stabilité est profitable à l'enfant qui trouve là un environnement sécurisant et repérant, favorable à ses remaniements intérieurs. Et, de façon symétrique, elle permet aux parents de ne pas être gravement affectés par les variations de leur rejeton. Cela ne fait pas pour autant de la famille un cadre rigide et immuable ; certains événements de vie ordinaires peuvent modifier ce milieu : la naissance d'un frère ou d'une sœur, le décès d'un grand-père correspondent à la venue ou au départ de l'un de ses membres. Ils affectent ainsi sa structure, sans pour autant transformer en profondeur la personnalité de chacun.

Les débuts d'un sens critique L'enfant de 7/8 ans est amené en permanence à confronter son univers familial aux nouvelles sphères dans lesquelles il évolue (école, club de sport…) ainsi qu'à celles de ses différents camarades. Plusieurs conséquences en découlent.

La première est que l'enfant devient le représentant de la famille à l'extérieur. Selon la façon dont les choses se passent (qu'il s'agisse de ses résultats scolaires, de son comportement ou de son intégration), la famille sera spontanément tenue responsable, ses principes éducatifs, mais également sa structure, son fonctionnement seront questionnés. L'enfant turbulent ou en difficulté d'apprentissage, quelle qu'en soit l'origine, pourra vite être considéré comme le représentant d'une « famille à problèmes », de même qu'on félicitera celle dont le digne héritier se comportera de façon exemplaire. Ce vécu se retrouve symétriquement chez les parents, soucieux de l'image que leur enfant va véhiculer. Combien d'entre eux s'offusquent d'apprendre que leur fils vocifère d'impensables gros mots dans la cour de récréation et se défendent aussitôt d'un « ça ne peut pas venir de chez nous, on n'en dit jamais à la maison !… » D'autres s'enorgueillissent des aptitudes exposées par leur fille, oubliant les facteurs propres à sa personnalité. Cela dépasse la sphère scolaire et se retrouve également dans les groupes d'activités ou dans les autres familles, lorsque l'enfant y est invité, par exemple.

Pourquoi notre fils, si insupportable à la maison est-il un ange dans la famille de son meilleur copain ?

Il y a de l'incompréhension mâtinée d'un peu d'exaspération dans cette constatation. Nous devrions nous réjouir de le savoir si bien ailleurs. Mais le fait est qu'en se comportant

ainsi, il remet en question la relation que nous avons avec lui et, dans le même temps, nos compétences éducatives et notre capacité à être parents. Si cela se passe sans encombre chez le voisin c'est peut-être nous la raison du problème... Or, bien souvent, c'est le sentiment de sécurité affective qui favorise des attitudes de bébé tout-puissant, à qui tout est dû. C'est de l'amour, mais dans ce qu'il a de plus possessif et égocentrique.

Il est important de ne pas remettre en question son comportement « exemplaire » à l'extérieur par des phrases comme : « Peux-tu m'expliquer pourquoi tu te tiens si bien chez les Martin alors qu'à la maison c'est l'enfer ? » Ce serait l'encourager à devenir un odieux chez les autres, ce qui n'arrangerait pas forcément notre problème ! Bien entendu, il ne sera pas non plus question de lui interdire de s'y rendre. On gagnera à souligner justement les qualités qui sont les siennes et qu'il met si bien en évidence chez les autres. En favorisant la prise de conscience de dispositions nouvelles ou d'autres aspects de sa personnalité, nous l'aidons à grandir – autrement dit, à renoncer à la toute-puissance du nourrisson au profit d'autres bénéfices, certes moins immédiats mais bien plus gratifiants car dépendant de sa volonté et de son libre arbitre.

Ainsi, certains parents peuvent refuser de laisser leurs enfants aller jouer chez les voisins, par crainte des conclusions que ceux-ci pourraient en tirer. L'enfant, inconsciemment, perçoit cette dimension et peut se sentir investi d'une mission, qui, selon ses rapports avec sa famille, peut se traduire de différentes manières. Il en va quand même plus ou moins de l'honneur de celle-ci.

On ne soulignera jamais assez la fonction réparatrice dont l'enfant peut être porteur. Un parent dont les années de scolarité auront été marquées par la solitude, aura à cœur que son fils ait beaucoup de copains, un autre pourra être tenté de régler symboliquement ses comptes avec une maîtresse, dont il garde un mauvais souvenir, par l'intermédiaire de celle de sa fille.

Le second effet de cette diversification des cadres de vie est que l'enfant se trouve ainsi exposé à des règles, des modes de fonctionnement ou de pensée différents de ceux de sa famille et qui échappent surtout au contrôle des parents. Naît alors progressivement l'idée qu'il existe peut-être d'autres vérités que celles issues de la maison. L'enfant devient plus sensible aux incohérences des parents, à leurs erreurs, qu'il peut souligner « puisque la maîtresse – qui sait tout – a dit le contraire », ou à leurs petites failles. Il prend aussi toute la mesure du mensonge et de ses différentes fonctions.

Pour l'enfant, ces points de vue divers viennent s'additionner les uns aux autres et constituent un ensemble que l'apaisement de ses conflits internes lui permet de rendre harmonieux. En effet, de même que la résolution du complexe d'Œdipe l'a conduit à reporter son amour sur d'autres sujets que sa mère ou son père, il lui est possible maintenant d'envisager d'autres milieux où il fait bon se grandir. Il commence, par exemple, à idéaliser les familles de ses copains, faisant l'amalgame entre les sentiments d'amitié qu'il développe pour un camarade et l'empathie qu'il ressent pour son univers. Cela, cependant, sans remettre complètement en question le milieu dont il est issu.

La curiosité intellectuelle, les connaissances que lui apporte alors l'école, notamment sur les peuples, les cultures, les pays qui existent au-delà de ce que ses yeux peuvent voir, mais également les secrets partagés et les découvertes faites entre copains, viennent potentialiser ce phénomène.

Des câlins et de la tendresse

L'évolution des contacts affectifs entre parents et enfants traduit bien les processus maturatifs en marche dans leurs relations. L'âge de raison correspond à la période où les pulsions sensuelles sont mises en sourdine au profit d'une idéalisation du sentiment. Le développement des facultés cognitives, et le plaisir tiré à les utiliser, favorisent ce mécanisme et va de pair avec les processus d'autonomisation évoqués ultérieurement. L'affection se manifeste moins par le geste ou la proximité physique. La priorité est donnée aux mots, à la parole ou aux écrits, qui trouvent là un vaste terrain d'expression. Spontanément, l'enfant sollicite moins fréquemment les câlins, ou marque un mouvement de recul lorsque sa maman ou son papa s'approchent dans un élan de tendresse. C'est souvent à l'école, et généralement dans des lieux en dehors de la maison, que se produisent pour la première fois ces manifestations : le petit Thomas qui s'essuie la joue après le baiser de sa mère ou Paul qui se soustrait à l'accolade de son père lorsqu'il voit ses copains dans la cour de récréation…

Les parents ne doivent pas pour autant renoncer à demander des câlins à leur enfant, c'est une façon naturelle de lui exprimer leur affection. Simplement, ils prendront soin de ne pas s'offusquer de ces réactions qui soulignent que leur petit grandit de façon sereine, et respecteront ce besoin de distance. Lorsque l'enfant atteint 9 ou 10 ans, l'adulte doit même avoir conscience des risques d'une trop grande proximité physique. Des excès de câlins, ou des effusions de tendresse qui ne passeraient que par les caresses ou les baisers, peuvent éveiller trop précocement une maturation sexuelle qui pointe son nez à l'approche de la préadolescence. Toute la difficulté est sans doute dans cette acceptation-là : notre petit(e) n'est plus un bébé, et ses besoins affectifs évoluent. Accompagner cette évolution, c'est aussi une belle façon de l'aimer : la confiance dans la solidité et la pérennité des liens entre le parent et son enfant permet cela. Selon le mot de Marcel Rufo, il faut s'aimer pour se détacher et ce détachement (qui n'est que physique) permet de s'aimer davantage.

Les premières remises en question

De 6 à 8 ans, les enfants prennent donc de façon progressive leurs distances vis-à-vis de leurs parents, même s'ils restent proches d'eux et les critiquent rarement.

Ma maman ment…

Les enfants au quotidien sont les témoins des « petits arrangements » que leurs parents font avec la vérité. Quelle mère, contactée un jour par une amie au téléphone alors qu'elle était très occupée, n'a pas demandé à son fils de répondre qu'elle était sortie… Plus simplement, il nous arrive régulièrement de relater un événement, auquel notre enfant a assisté, en omettant ou en modifiant un fait. Dès 6 ans, il est en mesure de comparer sa vision des choses, ses souvenirs immédiats et le discours que son entourage retransmet. Il confronte les règles qu'on lui impose et analyse leur application par les adultes. Il est interdit de mentir, et pourtant les grands le font. Ce paradoxe peut et doit être expliqué à l'enfant pour l'aider à développer positivement son sens critique. On pourra ainsi à nouveau évoquer le « vrai pour de vrai » et « le vrai pour de rire » ou « le faux pour l'utile » : « Je suis bien à la maison mais comme je suis occupée, c'est comme si je n'étais pas là, et pour ne pas vexer l'autre, je ne lui ai pas dit l'exacte vérité… » Il ne faut pas hésiter non plus, lorsque notre enfant nous fait remarquer que les événements ne se sont pas déroulés comme nous le décrivons, à lui demander sa propre version des choses. Si les parents acceptent la critique, les enfants seront plus souples face à l'erreur, et plus sensibles au désir de mieux faire. Il existe aussi des situations que l'on ne peut pas qualifier de vraies ou de fausses, notamment celles qui ont à voir avec les sentiments, les goûts, et toutes celles qui reposent sur des critères subjectifs.

Aider son enfant au développement de son esprit critique, c'est ainsi lui permettre de constituer un filtre grâce auquel il va pouvoir analyser les informations qu'il reçoit selon les différents critères que sont le vrai et le faux, mais aussi, le bon et le moins bon, le beau ou le moins beau, ce qui fait du bien ou n'en fait pas, en se référant à soi, bien sûr, mais également aux autres.

Ce n'est qu'aux alentours des 9/10 ans qu'insidieusement une nouvelle étape est franchie. C'est le début des réserves que l'enfant émet à l'égard de ses parents. La multiplication des expériences, notamment les comparaisons répétées avec d'autres familles ou d'autres mondes qu'il imagine forcément meilleurs, mais surtout la répétition des conflits autour des situations du quotidien, les devoirs et les bêtises, les interdits et les obligations auxquels son âge le confronte, favorisent ces remises en question. C'est aussi l'âge des premières revendications autour, notamment, du désir d'accroître ses libertés : c'est vouloir faire du vélo seul ou avec les copains, rentrer plus tard le soir ou rester dormir chez le (ou la) meilleur(e) ami(e). Les requêtes portent sur l'argent de poche ou les sorties, sur tout ce qui concerne ce que cet âge perçoit comme un droit, eu égard au fait de grandir. Elles correspondent aux avantages dont les autres camarades du même âge bénéficient, et, surtout lorsqu'il existe une fratrie, aux privilèges réclamés par rapport à un petit frère ou revendiqués au même titre que les aînés. La notion de droit ou de justice, qui fait son entrée vers 7 ou 8 ans dans l'univers de pensée de l'enfant (se reporter aux théories de Piaget, chapitre V) de même que des valeurs comme le bien ou le mal, trouvent là un intéressant domaine d'expression. « C'est pô juste » nous dit Titeuf, à l'instar de nos prérebelles en herbe. L'enfant devient alors particulièrement sensible aux contradictions de ses parents, remarque les entorses que ceux-ci

ne manquent pas de faire à leurs propres règles, et souligne leurs paradoxes. « Pour ce qui me plaît, je suis toujours trop petit, mais quand ça vous arrange – comme lorsqu'il faut garder la petite sœur – alors là, je suis assez grand ! »
Dans le même mouvement, l'enfant attache une grande importance à la confiance que l'on va lui accorder et à toutes les manifestations qui viennent l'accréditer. Ainsi, les réserves ou les interdits que les parents peuvent poser pour des raisons de sécurité ou de prudence seront vécus comme une sévère (voire injuste) remise en question de ses capacités. Qu'on lui refuse, par exemple, d'aller seul à bicyclette chez son copain (si ce dernier habite à des dizaines de kilomètres de la maison), et il rétorquera sur un ton offusqué qu'il sait quand même faire du vélo à son âge, ou qu'il saura faire attention. Il appartient aux parents de trouver le bon compromis, celui qui respecte le bien-être ou la sécurité de l'enfant tout en encourageant son émancipation et sa maturité. Rester ferme sur les règles qui semblent fondamentales n'empêche pas de s'autoriser une certaine souplesse éducative, une adaptation à l'évolution des compétences et des besoins du futur préadolescent. Cette accommodation, en lui donnant aux yeux de l'enfant un visage plus juste, favorise le respect des lois établies, et d'une façon plus générale, celui de l'autorité parentale.

L'autorité des parents

Il est fondamental pour le bon développement de tout enfant que celui-ci puisse s'appuyer sur des règles cohérentes et stables. Elles concernent le fonctionnement familial, et, plus globalement, les valeurs culturelles, sociales et éthiques qui lui sont propres.

Des règles cohérentes et stables

Proposer des règles « cohérentes » suppose qu'elles s'associent les unes aux autres pour favoriser un fonctionnement harmonieux, de la famille notamment, et répondent à une logique à laquelle chacun peut se référer. Énoncer des règles « stables » signifie qu'elles ne doivent pas changer sans raison, afin de conserver un caractère prévisible et reconductible en fonction des différentes situations. Pour grandir sereinement, l'enfant doit pouvoir anticiper, dans une certaine mesure, les conséquences de ses actes ou de ses paroles, et a besoin pour cela d'évoluer dans un cadre qu'il connaît. Le cadre temporel s'établit, par exemple, en fonction des heures des repas, du coucher ou du réveil, qui seront régulières, même si des variations sont possibles, le week-end ou pendant les périodes de vacances. Le cadre spatial est celui des différents lieux où l'enfant est amené à vivre : à la maison, chez les grands-parents, chez les amis à qui l'on rend visite régulièrement. Un cadre culturel et éthique s'élabore également de manière implicite, en fonction de ce qu'il est permis ou interdit de dire ou de faire, des rites religieux ou des coutumes familiales. Des variations au gré des humeurs ou du désir tout-puissant de l'adulte peuvent favoriser chez l'enfant un sentiment d'insécurité. Que pourrait-il penser si tous les soirs au retour de l'école il changeait de chambre, ou si ce qui est autorisé un jour ne l'était plus le lendemain ? C'est sur ces bases que s'appuie l'autorité des parents. On notera d'ailleurs que plus celles-ci sont stables et établies précocement dans la vie de l'enfant, plus ce dernier aura de facilité à s'y conformer.

Ce que dit la loi

Sur le plan légal, l'autorité parentale, détenue de façon conjointe par la mère et le père de l'enfant, quel que soit leur statut marital, correspond à l'ensemble des droits et des devoirs qui leur incombent à l'égard de leurs enfants mineurs. Ils ont pour but de garantir leur protection et leur éducation et reposent sur quatre points:

• Un devoir de garde: le domicile de l'enfant est au choix des parents. Ils sont les seuls à pouvoir décider de ses allées et venues, et, a fortiori, à pouvoir autoriser une sortie du territoire national.

• Un devoir de soins: les parents ont obligation de nourrir, entretenir, et élever leur enfant, jusqu'à ce qu'il soit en mesure de subvenir seul à ses besoins (article 203 du Code civil). Cette obligation ne s'arrête donc pas forcément à sa majorité (certains enfants devenus majeurs ont porté plainte pour manquement à cette loi). En revanche, les parents peuvent être déchargés de cette obligation s'ils font la preuve de leur impossibilité de s'acquitter de cette mission auprès d'un juge aux affaires familiales.

Les traitements médicaux et les interventions chirurgicales sont soumis aux choix et à l'autorisation des parents. Cependant, ceux-ci ne peuvent pour autant contraindre le corps médical à des soins que ce dernier ne jugerait pas appropriés. La pertinence des propositions thérapeutiques relève de « la seule compétence des professionnels de santé qui doivent en conscience et dans l'intérêt de l'enfant décider du traitement le plus adapté à son état » (ordonnance du tribunal de grande instance de Paris du 29 novembre 2005).

• Un devoir de surveillance: les parents ont le droit et le devoir d'être vigilants quant aux relations que le mineur entretient, et, le cas échéant, de lui interdire certaines rencontres qu'ils jugeraient inopportunes ou dangereuses. En dehors d'une décision judiciaire, en cas de conflit familial par exemple, cela ne porte pas atteinte aux droits des grands-parents (article 371-4 du Code civil).

• Un devoir d'éducation: l'éducation et l'établissement scolaire, la religion et la pratique du culte sont au choix des parents. La loi impose une scolarisation obligatoire entre 6 et 16 ans, sous peine de sanction (jusqu'à six mois de prison et 7 500 euros

d'amende, et/ou la suppression des allocations familiales). Cependant, l'instruction peut se faire en dehors du circuit scolaire traditionnel (à domicile par exemple) après accord de l'inspecteur d'académie (articles L131-1 à L131-12 du Code de l'éducation, article 227-17-1 du Code pénal).

Autorité, autoritarisme et laxisme

La notion d'autorité recouvre plusieurs aspects. Elle est d'abord et avant tout implicite : c'est cette influence naturelle qui s'impose à l'enfant du fait de la situation particulière qu'occupent ses parents et du lien qui les unit à lui. La place de géniteur, dont l'enfant de plus de 6 ans a tout à fait conscience et dont il se sent inconsciemment redevable, comme celle de protecteur, confère aux parents le droit et le pouvoir de se faire obéir, dans le cadre de leur mission parentale.

Lorsque cet ascendant n'est pas suffisamment perçu de part et d'autre, cela peut favoriser des troubles dans l'expression de cette autorité. C'est l'autre dimension de l'autorité parentale, qui correspond à la façon dont les parents vont l'exercer et la faire respecter au quotidien.

Trois types d'attitudes peuvent être décrits, souvent en lien avec les modèles éducatifs précédemment évoqués – le fonctionnement rigide, l'absence de structuration et le fonctionnement souple. Il s'agit de l'autoritarisme, du laxisme et de l'autorité pondérée. L'autoritarisme procède souvent d'un besoin absolu de contrôle sur le comportement, que l'adulte impose à l'enfant sans tenir compte de sa sensibilité ou de sa personnalité propre. L'éducation est vécue comme un affrontement dont le parent doit sortir vainqueur sous peine d'être déconsidéré. Cette approche résulte parfois d'un manque de confiance de l'adulte en ses qualités de parent, mâtiné de doutes sur la solidité de son autorité implicite. Parfois également, elle peut correspondre au besoin de satisfaction narcissique d'être obéi au doigt et à l'œil. Quoi qu'il en soit, une telle attitude favorise malheureusement le développement d'une personnalité anxieuse ou rigide, dont l'expression, qui peut virer à l'insoumission à l'adolescence, s'avère souvent préjudiciable pour l'enfant. Il en est de même en ce qui concerne le laxisme. Dans ce cas, rien n'est imposé. Les règles de fonctionnement, les cadres d'existence sont laissés à l'appréciation et au bon vouloir de l'enfant et n'existent que si celui-ci accepte de s'y adapter. Aucun effort ne lui est demandé, notamment dans une quelconque soumission aux lois, et l'adulte, dans la même logique, s'impose le moins de contraintes possible. On peut s'interroger sur le rapport du parent lui-même avec la loi… On retrouve fréquemment chez lui la peur d'être moins aimé par son enfant contrarié. Cela se perçoit, entre autres, dans la façon dont le parent a du mal à supporter les pleurs ou les colères de sa progéniture et la rapidité avec laquelle il cède à ses caprices. Le doute dans la pérennité du lien et des sentiments que tisse la filiation est souvent au cœur de cette conduite, lorsqu'il ne s'agit pas de démission ou de désintérêt (fratrie nombreuse, problématique parentale lourde…). Ce laxisme, qui reste encore gérable à la maison chez le jeune enfant, le laisse cependant démuni à l'âge de raison où, propulsé dans de nouveaux univers, il va se trouver en porte-à-faux avec un monde de limites et d'interdits. Face à ce carcan inattendu, ses réactions – colères, transgressions, agitation ou agressivité – traduisent à la fois son désarroi et son angoisse. Il est possible aussi, à cet âge, que ce type d'éducation favorise l'affiliation à d'autres modèles, souvent les plus prégnants, comme celui des fortes têtes de l'école. Le travail d'adaptation à la réalité peut s'avérer long et difficile.

Manifester son autorité n'est pas forcément être autoritaire : c'est trouver le juste compromis entre le respect des règles fondamentales et élémentaires, et la prise en compte du développement de la personnalité de l'enfant. Cette attitude correspond au troisième mode d'expression de l'autorité : l'autorité pondérée. Elle renvoie l'image de parents confiants dans leurs droits et devoirs vis-à-vis de l'enfant, assurés de leur force de parents. Et c'est ce qui sécurise l'enfant : cela ne veut pas dire qu'il ne peut rien faire, mais, que quoi qu'il fasse, ses parents seront là pour l'accompagner sur le bon chemin.

Entre tolérance et interdits

Ce chemin, il se trouve entre les limites de ce qui est autorisé et de ce qui ne l'est pas. Les interdits sont indispensables : ils ont pour fonction de protéger l'enfant et soulignent le rôle des parents dans cette fonction de protection. L'enfant à besoin de sentir que ses parents veillent sur lui.

Vers l'âge de 7 ou 8 ans, il va manifester le désir de comprendre l'interdit. Il ne faut pas se méprendre alors sur le sens des interrogations qu'il soulève, même lorsqu'elles prennent l'aspect de remises en question. Il ne s'agit pas forcément pour lui de contester. L'âge de raison est celui du désir de comprendre, pas forcément d'avoir raison. Intégrer les motifs d'une interdiction lui permet de mieux l'accepter et, de ce fait, de mieux la respecter, ce qui est fondamental lorsqu'il s'agit de sa sécurité. Une réponse laconique, « c'est comme ça » ou « ce sont les parents qui décident », peut encourager ce dernier à rechercher lui-même des réponses au sens de l'interdit et favoriser les transgressions.

On gagnera surtout à souligner que ce qui est interdit correspond à tout ce qui n'est pas autorisé et constitue les frontières

des domaines de tolérance. Il est rassurant pour l'enfant de percevoir, par les bornes que définissent les interdits, toutes les possibilités qu'offre ce qui est autorisé.
Après 7 ans, le désir d'être en conformité avec ses pairs peut parfois se faire au détriment des lois érigées par les parents. Le phénomène s'amplifie au fil des ans, en raison de l'augmentation du temps passé avec les enfants de son âge et de la multiplication des lieux de vie et d'échange. Ce mécanisme contribue à développer sa personnalité et il est parfois compliqué pour lui d'arriver à conjuguer l'affirmation de celle-ci et l'autorité des parents.
On peut atténuer le phénomène en marquant la différenciation des espaces : ce qui est autorisé à la maison ne l'est pas forcément à l'école et vice versa. Cette notion d'interdit relatif est fondamentale dans l'éducation des 6-10 ans, confrontés à une démultiplication des lieux de vie. Elle nécessite cependant d'être bien explicitée : ce qui est valable à la maison sera toujours valable à la maison, idem pour ce qui est instauré à l'école ou ailleurs. C'est finalement à un travail d'équilibriste que doivent se soumettre les parents : être permissifs sans être laxistes, soutenir l'affirmation de soi et se faire respecter, pour, en définitive, faire preuve de fermeté sans autoritarisme.
L'autorité est comme un cadre souple, à l'image d'un ring de boxe (la métaphore m'est venue en écoutant une mère qui décrivait ses rapports d'autorité avec son fils comme un combat quotidien). Les cordes doivent être tout à la fois bien visibles, solides et suffisamment élastiques pour amortir les déformations passagères (les manquements à la règle, les conflits), et revenir toujours à leur forme initiale au repos, lorsque le calme est revenu. La nature fournit aussi une image plus bucolique : celle du tuteur dont certains végétaux ont besoin pour s'élever ;

il indique une direction, sert de support et de soutien jusqu'à ce que l'arbre ou la plante puissent s'en passer.
Un certain nombre d'outils jouent un rôle important dans l'exercice de cette autorité. Ce sont les récompenses et les punitions qui viennent en sanctionner le respect ou le manquement.

Récompenses et punitions

Il serait vain de croire que l'on peut se passer d'y avoir recours à l'âge de la scolarisation. L'école, et, d'une façon plus générale, la société, fonctionnent largement sur l'alternance des gratifications et des sanctions. De plus, l'enfant à besoin de repères qui lui permettent d'évaluer la qualité de ses actions. Récompenser ou punir est une façon de souligner ce qu'il a fait de bien ou non. La récompense joue également un rôle dans les facteurs de motivation, qu'elle soit comme une promesse à ce qui va être entrepris, ou anticipée naturellement du fait de l'expérience.
On peut aussi évoquer la récompense spontanée, gratification naturelle que l'enfant ressent de lui-même lorsqu'il réussit ou éprouve la satisfaction d'une bonne action. Elle est fonction du regard porté sur lui par son entourage, ses parents bien sûr, mais également tous ceux qui comptent à ses yeux (maîtresse, camarades de classe, adversaires de sport...), et des mots qui l'accompagnent et soulignent son importance. Elle est à distinguer de la récompense qui sera promise en cas de réussite ou de bonne conduite. Cette dernière ne doit pas être systématique au risque de perdre de sa valeur, de déconsidérer l'importance de ce qui est réussi, et, surtout, d'affadir le sentiment grisant de la satisfaction de soi.
De façon parallèle, le recours à la punition est à évaluer et à adapter en fonction des situations.

La nature de la sanction s'estime au regard de la faute commise. Il est important que le degré de sévérité dépende de la gravité de la bêtise et non qu'il fluctue en fonction de notre humeur. Nous aurons parfois tendance à condamner plus lourdement une faute un jour où nous sommes énervés ou épuisés par une journée trop harassante. L'équation est simple : à une même bêtise, la même sanction : aux mêmes maux les mêmes réponses !
On déconseillera de faire reposer la punition sur des facteurs qui favorisent le bon développement de l'enfant. Elle ne doit pas, par exemple, porter atteinte à l'alimentation. Les desserts participent à l'équilibre du repas, on évitera de l'en priver. Il est conseillé également de ne pas l'empêcher de pratiquer un sport ou une activité artistique (même – et surtout – s'il l'adore et que le punir ainsi le marquerait davantage). En revanche, s'il se voit interdire, pendant un temps, la PlayStation® ou la télévision – qui ne sont pas indispensables à son éveil culturel et intellectuel –, il comprendra très bien son erreur, et ne sera pas encouragé à recommencer.
Car la punition est symbolique : elle n'a pas pour fonction de faire mal, que ce soit physiquement ou affectivement. Elle sert à lui faire prendre conscience de la gravité de son acte, du désaccord ou de la peine manifestés par le parent, tout en restant respectueuse de l'enfant.
La culpabilisation ou la dévalorisation sont à éviter, elles risquent d'enfermer l'enfant dans une mésestime de soi, qui, justement, peut favoriser en retour la poursuite ou l'aggravation des mauvaises attitudes. C'est ce qu'illustre le mode de pensée ainsi résumé : « Je ne peux m'empêcher de faire des bêtises, puisque je suis un(e) mauvais(e) garçon (fille). » À des phrases comme « tu m'as beaucoup déçu », on préférera donc : « ce que tu as fait ne me plaît pas… » ou « cela ne correspond pas à ce qu'on t'a appris, ce n'est pas digne de toi… »

La punition peut correspondre à bon escient à la réparation de la faute : il s'agira, par exemple, de recoller les morceaux (au propre comme au figuré) du vase qui a été cassé, de remplacer (avec son argent de poche) ce qui a été perdu ou de ramener au magasin ce qui a été volé… La contrainte que cela représente évite souvent la répétition, et la restauration (presque en l'état) que cela permet revalorise l'enfant et l'empêche d'éprouver un sentiment trop douloureux de honte qui le marquerait. On soulignera enfin la valeur du pardon. S'excuser auprès du voisin molesté ou de la maîtresse injuriée, c'est aller faire un geste vers l'autre et recueillir en retour son « amnistie ». Une bonne façon de remettre les pendules à l'heure !

Châtiments corporels

Est-il utile de préciser qu'ils sont d'une autre époque ? En cas de gifle incontrôlée, il est nécessaire de reparler de l'incident, d'expliquer le geste (« quand tu as traversé la rue sans regarder, j'ai eu très peur pour toi ») et de ne pas hésiter à s'excuser. C'est une façon de souligner que les adultes aussi se trompent et qu'il est important de savoir reconnaître ses erreurs. Nous verrons plus loin dans l'ouvrage suivant combien cela fait sens pour l'enfant de l'âge de raison.

Le père de Jean-Roch (7 ans) et les fessées

« Je ne suis pas du tout de votre avis » m'a dit fermement le père de Jean-Roch, 7 ans, lorsque nous avons évoqué la question des fessées. « Il n'y a que ça qu'il comprenne. Il est dur, n'obéit jamais et s'en prend régulièrement à son petit frère. On ne peut tout de même pas le laisser le frapper sans rien dire. J'ai moi-même été élevé comme ça, et je n'en suis pas mort ! » Les parents de Jean-Roch consultent, à la demande pressante de l'école, pour des troubles du comportement, des

faits de violence à l'égard de ses camarades dans la cour de récréation, une instabilité en classe et des incivilités vis-à-vis de la maîtresse. Le père dit ne pas rencontrer de problèmes à la maison avec son fil (« moi, il m'écoute, il file droit ») bien que la mère reconnaisse que c'est de plus en plus dur et qu'il y a une escalade dans les punitions. La mère de Jean-Roch, qui a bénéficié d'une éducation plus souple, ne souscrit pas pleinement aux principes de son époux, même si elle ne les remet pas ouvertement en question.

L'avis du psy

Devons-nous, parce que nous les avons éprouvés, reproduire de vieux modèles éducatifs lorsqu'il est possible d'en trouver de plus adaptés ?

Nous pourrions faire nôtre cet adage : « Ne faisons pas subir à nos enfants ce que nous ne voulons pas qu'ils reproduisent ». Dans l'esprit rationnel de l'enfant de la période de latence, se fait inconsciemment le raisonnement suivant : « Si mes parents ont le droit de me frapper, je l'ai moi aussi sur mon petit frère, lorsqu'il m'ennuie ou fait ce que mes parents m'interdisent à moi de faire. » À cela s'ajoute le sentiment qu'il a été « corrigé » pour l'erreur commise. Les compteurs sont remis à zéro et il peut donc recommencer. Ainsi est favorisée l'installation d'un mode de fonctionnement où l'enfant sait ce à quoi il s'expose (la correction) et accepte le risque d'y être soumis.

Si vraiment il ne nous paraît pas possible de faire autrement, réfléchissons aux moyens de sanction que nous avons à notre portée. Avons-nous vraiment tout essayé ? Répondre par une fessée dans l'emportement d'une impulsion violente ou sous le coup de la colère n'a pas la même portée symbolique que le recours systématique et orchestré à ce type de sanction. N'est-ce pas ériger la violence en système de fonctionnement et favoriser chez l'enfant (notamment à l'adolescence) le passage à l'acte aux dépens du dialogue ?

Si la tape est utilisée elle doit rester symbolique et être destinée à mettre un terme à une situation intolérable ou marquer fermement la faute, et elle ne doit jamais avoir pour but de faire mal. Elle ne doit pas être portée sur une zone chargée émotionnellement (une claque sur le visage est lestée d'un fort faix d'humiliation ; sur les fesses, elle porte atteinte à une partie du corps dont la stimulation pourrait érotiser le coup). Le dos de la main, ou l'extérieur de la cuisse sont pour cela bien plus neutres. Cependant, lorsqu'il a 7 ou 8 ans, l'enfant nous paraît raisonnablement trop grand pour ce genre de punition. Il est donc nécessaire que l'autorité des parents s'exprime, quelles qu'en soient les modalités. Toutefois, dans le même temps, on doit permettre que se développe l'autonomie de l'enfant.

L'autonomie

Le développement de l'autonomie est en partie inscrit génétiquement. Le bébé, sous l'entière dépendance de ses parents, devient progressivement un enfant capable de répondre seul à un certain nombre de ses besoins, grâce aux processus neurobiologiques et organiques qui se mettent en marche bien avant la naissance, sous l'impulsion des gènes. Ils permettent sa croissance musculaire, osseuse, neurosensorielle et cérébrale. Grâce à cela, l'enfant grandit, acquiert force et psychomotricité. C'est la dimension innée de l'autonomie. Une autre part cependant est acquise, au fur et à mesure des expériences auxquelles il est confronté. Chaque réussite et chaque échec, encouragés ou consolés par le parent, potentialisent son développement. L'autonomie n'est pas seulement la possibilité de faire. C'est aussi la liberté de faire en conscience, la faculté d'agir avec indépendance. Il ne suffit pas d'avoir la possibilité physique de faire pour avoir envie de le faire. Le désir de faire dépend pour beaucoup de la volonté d'agir associée à ce que l'enfant se sent autorisé à faire, et notamment par ses parents.

Apprendre l'indépendance

Comme nous l'évoquions précédemment, l'enfant de l'âge de raison est particulièrement sensible aux principes éducatifs mis en place par les parents. Cette éducation joue un rôle important dans le développement des capacités d'émancipation de l'enfant.

Elle est fonction de l'éducation qu'ont eux-mêmes reçue les parents, qui a façonné leur appréhension du monde et leur sentiment de liberté, ainsi que de leur disposition à laisser l'enfant s'affranchir de leur autorité. Une mère au tempérament anxieux sera d'autant plus soucieuse d'autoriser son fils à sortir avec ses copains qu'elle a elle-même grandi avec l'idée que le monde extérieur était potentiellement dangereux ; il lui sera également plus difficile de l'envoyer en vacances chez ses grands-parents ou en colonie si elle a du mal à se séparer de lui. L'enfant, qui perçoit inconsciemment ces réserves, éprouve un sentiment de dépendance envers ses parents, nourri de sensations d'insécurité et de la crainte d'être en manque d'eux, mais surtout de leur faire défaut. Il en va de même de parents trop protecteurs, ou trop soucieux des risques qu'un enfant peut prendre. Ce contexte favorise des enfants timides, craintifs, et surtout vulnérables car en difficulté devant les imprévus auxquels ils ne manqueront pas tôt ou tard d'être confrontés. L'âge de raison est celui où l'enfant va multiplier les expériences en dehors de la protection parentale. La possibilité de trouver seul des réponses à des situations nouvelles joue un rôle fondamental dans le développement de cette autonomie.

Le développement de la volonté

La volonté se développe dans l'espace délimité par les possibilités personnelles de l'enfant et les contraintes extérieures que représentent l'autorité parentale, les interdits sociaux qui se mettent en place à l'école, au centre de loisirs, et les règles culturelles. Elle correspond chez l'enfant de 7/8 ans, à la faculté de « vouloir pour soi », associée à celle de développer en conséquence les moyens d'obtenir ce qu'il désire. Il est loin du fonctionnement qu'il a mis en place entre 18 mois et 3 ans, où les marques d'opposition (et notamment l'affirmation du « non ! » traduisaient une volonté qui se manifestait « contre » son parent. Elle lui permettait de se sentir exister en tant qu'individu à part entière, mais le laissait toujours dépendant de celle de ses parents. Elle a été progressivement pondérée par une volonté plus discrète et néanmoins indispensable, celle de « vouloir avec », qui a permis, entre autres, l'inscription dans les apprentissages scolaires en cours de cycle maternel. L'enfant ne voulait pas encore réussir pour lui, mais surtout pour satisfaire ses parents et l'enseignant.

Le dilemme du super-héros

Parallèlement, plus l'enfant grandit, plus il acquiert de capacités nouvelles et plus il est confronté à l'augmentation des limitations de ce qu'il lui est possible de faire. C'est le « dilemme du super-héros » (ce n'est donc pas un hasard si les enfants, dès 6 ou 7 ans, vouent une admiration sans bornes à ces personnages) : « J'acquiers chaque jour de nouveaux pouvoirs, ces pouvoirs me permettent de nouveaux actes mais m'exposent aussi à de nouveaux risques. Dois-je me restreindre aux limites que m'imposent mes parents, ou puis-je m'aventurer à en juger par moi-même ? » Cette succession de possibilités et d'impossibilités (« j'ai le pouvoir de le faire mais je n'en ai pas l'autorisation ») génère des frustrations plus ou moins tolérables. En fonction du tempérament de l'enfant, de son caractère, il va plus ou moins bien surmonter la souffrance psychique que cela entraîne, et, par là même, renforcer ou fragiliser sa personnalité.

L'enfant de plus de 6 ans a besoin tout à la fois de savoir qu'on veille sur lui et qu'on a suffisamment confiance en lui et en son environnement pour s'autoriser des expériences inédites. Confronté à l'échec et au doute qu'il entraîne, il devra, pour affirmer sa volonté, persévérer dans ce qu'il entreprendra de nouveau.

Sortir seul…

L'augmentation de l'autonomie passe aussi par la possibilité pour l'enfant de se rendre par lui-même dans des lieux qui lui sont familiers, sans être accompagné de ses parents. C'est une étape décisive, mais souvent repoussée le plus longtemps possible par les parents. Il est rare en tout cas qu'il soit autorisé à sortir seul avant 9 ou 10 ans. L'âge de ces premières sorties est rattaché à plusieurs facteurs, indépendamment des inquiétudes des parents. Le contexte dans lequel vit la famille joue bien sûr un rôle important. Certains quartiers sont moins sécurisés que d'autres, la vie à la campagne offre des conditions souvent plus sereines (moins de circulation automobile, une meilleure connaissance du voisinage…) mais les distances y sont aussi plus grandes… Les compétences naturelles de l'enfant, et notamment ses facultés d'orientation spatio-temporelles, sont aussi à prendre en compte : dès 8 ans il maîtrise l'heure et les horaires (notions indispensables pour ne pas être en retard à l'école ou rentrer avant que maman ne s'inquiète). À 9 ans, il peut aisément se repérer dans son quartier. Cependant, sa perception des distances et du temps (et donc de la vitesse) est différente de celle de l'adulte : elle est corrélée respectivement

à sa taille et à son âge. Le temps passe plus lentement, les distances paraissent plus longues. Ainsi, il lui semblera que la voiture est garée bien plus loin qu'elle ne l'est en réalité.

Premiers pas

L'élargissement du périmètre de liberté se fait progressivement. Entre le moment où on le laisse jouer seul dans la cour de l'immeuble (en le surveillant par la fenêtre) et celui où il ira par ses propres moyens à l'école ou chez son copain Paul, plusieurs étapes peuvent être franchies. On pourra, dans un premier temps, effectuer avec lui les trajets, à plusieurs reprises, avant qu'il ne les fasse seul. C'est l'occasion de repérer les risques potentiels et de réfléchir au moyen de les éviter. Attendre l'apparition du bonhomme vert au feu, regarder à droite et à gauche avant de traverser, mais également se méfier des conducteurs imprudents ou qui ne respectent pas le Code de la route, de la voiture qui double et qui ne nous a pas vus sont autant de conseils dont l'enfant ne percevra le sens que sur le terrain. Voyager en groupe, entre petits voisins du quartier permet également d'acquérir l'assurance nécessaire.

Prévenir les mauvaises rencontres

Évoquer ensemble les situations que l'on peut redouter vaut mieux que les occulter : Dire pourquoi on ne doit pas suivre n'importe quel adulte dans la rue, ni accepter de lui n'importe quoi permet de trouver comment y parer.

Il ne s'agit bien sûr pas de dramatiser ou d'encourager l'enfant à la méfiance, simplement de l'éclairer sur certains comportements inhabituels, inadaptés ou qui pourraient le menacer (adultes malintentionnés, présentant des troubles mentaux, sous l'emprise de la drogue ou de l'alcool...). Décrire ces situations permet de mieux les comprendre, d'en avoir moins peur tout en pouvant mieux s'en protéger. On pourra ainsi trouver les mots « Je vais d'abord demander à mon papa, qui va revenir dans un instant. » et les attitudes auxquels il lui sera possible d'avoir recours pour dire « non » aux adultes, poliment mais fermement, et éloigner les importuns.

Cela permet d'évoquer une autre définition de l'autonomie. C'est le temps ou la distance selon lesquels un appareil peut avancer sans apport extérieur d'énergie. L'enfant de l'âge de raison apprend ainsi progressivement à « fonctionner » en dehors de la tutelle parentale. L'école et tous les lieux où il va vivre des expériences indépendamment du soutien parental, accroissent cette autonomie. Les parents participent à ce phénomène en fournissant « l'énergie » nécessaire : l'énergie psychique et affective, faite d'encouragements et de félicitations à chaque nouvelle conquête, mais également matérielle en permettant l'inscription dans un club de sport, un voyage à l'étranger, ou simplement en octroyant à l'enfant une somme d'argent dont il peut jouir librement.

L'argent de poche

L'argent de poche existe depuis très longtemps. Son équivalent est le sou donné à l'enfant après la réalisation d'un service. Il n'y a pas véritablement de règles en la matière, en tout cas il n'y a pas a priori d'obligation à en donner. Cependant, la société actuelle, qui favorise la consommation et notamment celle des plus jeunes en créant des besoins adaptés à chaque âge, en encourage la pratique.

Au-delà de considérations purement matérielles, l'argent de poche présente plusieurs intérêts.

Il favorise, par exemple, le développement de la notion d'argent, et de façon plus symbolique, de la valeur des choses. À un enfant qui, malencontreusement, casse un objet, on pourra faire remarquer ce qu'il représente « en semaines ou en mois d'argent de poche ». C'est aussi la première étape pour apprendre à gérer un budget, et cela permet une application concrète des mathématiques qui sont enseignées à l'école.

Les enfants, en fonction de leurs personnalités, présentent des attitudes variables face à ce bien qui est le leur : il y a ceux qui thésaurisent, ou ceux dont l'argent file entre les doigts. Sans présager des adultes qu'ils seront plus tard, les rapports qu'ils entretiennent avec l'argent peuvent s'avérer de bons indicateurs de leurs modes de fonctionnement relationnels. Car l'argent s'avère également un bon support d'échanges. On pourra, par exemple, aborder avec l'enfant ce qu'il compte faire de son pécule, et lui découvrir des centres d'intérêts que l'on n'imaginait pas, évoquer notre enfance en décrivant comment nous profitions de ce qui nous était alloué, ou, le cas échéant, lui faire part de notre avis ou lui donner des conseils. Cependant, une fois concédé, cet argent lui appartient : il est important de respecter ses choix, qu'il ait envie d'en faire profiter ses amis ou de le dépenser en babioles qui nous semblent futiles.

L'argent donné n'est pas repris. En revanche, il peut faire l'objet d'une punition (on ne le dira jamais assez : mieux vaut priver d'argent de poche que de sport ou de dessert !).

Quand commencer à donner de l'argent de poche ?

Il n'y a pas d'âge : on peut considérer que dès qu'il sait compter, ou dès qu'il commence à s'y intéresser, il est possible de lui en attribuer de façon occasionnelle. Il serait dommage de faire de l'argent un sujet tabou, en niant son existence. Chaque jour, l'enfant est témoin de l'utilisation que nous en faisons (au supermarché ou ailleurs), et donc de sa nécessité. Il est présent dans notre discours, dans nos discussions entre adultes, comme source de préoccupation ou d'intérêt. Cependant, cela ne justifie pas de lui accorder une importance démesurée, lorsqu'on en parle avec l'enfant. Il s'agira davantage de lui conserver sa valeur symbolique d'échange (et il existe mille et une autres formes d'échange, dont l'enfant, dès 6 ans, prend conscience) et de récompense.

À partir de 8 ans, la question peut se poser de la régularité ou de la fréquence avec laquelle on en gratifie l'enfant. Mais quel que soit le mode d'attribution choisi par les parents, au coup par coup ou régulièrement chaque semaine, l'argent ne doit pas être considéré comme un dû. Car l'enfant n'est pas le salarié de ses parents, et ces derniers ne sont pas ses employeurs. Le rôle des parents est de subvenir aux besoins de l'enfant, et l'argent de poche peut être considéré comme en faisant partie s'il a fonction de l'aider, en tant qu'outil éducatif ou de soutien bénéfique à son autonomisation. Il peut s'agir juste de lui permettre de combler d'autres envies, qui échappent ainsi à la mainmise ou au regard des parents. Il n'est pas pour autant indispensable, dans la mesure où les parents assurent ce rôle d'autres manières.

Son montant s'évalue en fonction des moyens des parents, de ce qu'il est raisonnable de lui accorder selon le nombre d'enfants dans la fratrie, les dépenses et les besoins de la famille. Le milieu dans lequel il évolue a aussi son importance. La somme allouée devrait notamment ne pas être ni très inférieure, ni très supérieure à ce dont bénéficient ses petits camarades de classe. Cela pourrait le mettre dans une position délicate : être celui que l'on envie (et que l'on pourrait exploiter), ou à l'inverse, celui dont on se moque, car considéré comme le « pauvre » de la classe. Ces distinctions, cependant, sont moins présentes à cet âge qu'elles ne le seront plus tard, au collège. L'enfant du primaire est moins confronté à la nécessité d'acheter en groupe ce dont il a besoin, au distributeur automatique près de l'école ou de son club de sport par exemple.

De même, au sein de la fratrie, donner systématiquement la même somme à chacun n'a rien d'obligatoire, la différence d'âge, de responsabilité et d'autonomie pouvant justifier des besoins différents.

Enfin, l'argent de poche n'est pas l'apanage des parents, qu'il s'agisse de son droit à être attribué comme de son interdiction. Certains parents qui n'y sont pas favorables peuvent accepter que d'autres adultes de la famille en donnent à leur(s) enfant(s). À ce titre, les grands-parents sont souvent les premiers concernés.

La place des grands-parents

Pour l'enfant de l'âge de raison qui s'ouvre sur le monde extérieur, la sphère familiale, initialement réduite à ses parents et ses éventuels frères et sœurs, s'élargit avec la prise de conscience de la présence des grands-parents.

Une relation privilégiée

L'importance des grands-parents tient en partie à la relation privilégiée qui va s'établir avec eux. L'enfant perçoit la confiance que les parents leur accordent (qui se traduit par la facilité et la fréquence avec lesquelles ils leur confient leur protégé), et se sent d'emblée en sécurité avec eux. Et surtout, cela lui permet de comprendre que son père et sa mère ont aussi été des enfants avant de devenir des parents : ses grands-parents sont donc à la fois les témoins de leur évolution et les garants de la possibilité de grandir. C'est une révélation pour l'enfant de réaliser que ses parents l'ont été avant lui. Or, seuls les grands-parents peuvent livrer cette confidence, en montrant des photographies ou en relatant leurs petites bêtises et leurs grands succès. Cette transmission s'avère également fondamentale pour les parents car, pour bien jouer leur rôle, ils doivent conserver leur prestige d'adultes.

Les grands-parents sont donc des médiateurs, leur caractère d'« anciens parents » leur confère une légitimité, et leur âge, ou plutôt la distance générationnelle (ils ne sont « que » les grands-parents), favorise une moindre implication dans l'éducation de leurs petits-enfants. Ils sont, pour cette raison, souvent plus souples sur les règles éducatives, plus prompts à satisfaire leurs moindres désirs et à se laisser mener par le bout du nez. Devenir une mamie gâteau ou un grand-père complice n'est cependant pas l'unique façon d'envisager la grand-parentalité : tous les intermédiaires sont possibles, et il arrive que certains grands-parents soient très sévères ou peu attachés à leurs petits-enfants. Quoi qu'il en soit, l'enfant a besoin de ce cadre, représenté par les parents de ses parents, qui lui donne la possibilité de relativiser sa propre éducation et celle de camarades qui sont élevés, il le voit bien, selon des principes éducatifs différents. Cela lui permet également de prendre du recul par rapport aux divers événements qu'il vit, notamment à la maison, grâce au regard autre que ses grands-parents vont porter sur ces situations. En intégrant l'existence de cette succession générationnelle, il va pouvoir à son tour prendre sa place dans la lignée familiale et s'inscrire dans une histoire où il peut, par un jeu de miroirs, s'imaginer père ou mère. Grandir et, par conséquent, apprendre, notamment à l'école, prennent alors tout leur sens.

Parfois, les choses peuvent être plus compliquées en fonction des relations que le grand-parent a entretenues avec son fils (ou sa fille), devenu parent, ou avec son gendre ou sa belle-fille. Autour de la garde et de l'éducation de l'enfant peuvent se rejouer des conflits plus anciens. Parfois aussi, ce sont les particularités des rapports (plus ou moins conflictuels) existant entre les parents qui s'expriment à travers la relation avec les grands-parents.

Quand les grands-mères sont aussi des belles-mères

Nadine reproche sans cesse à sa belle-mère de ne pas bien s'occuper de Léa, sa fille de 8 ans, au point d'hésiter à la lui confier le week-end ou pour les vacances. Elle l'accuse notamment de se montrer trop laxiste et de faire de Léa une petite fille capricieuse. De fait, Léa est très différente chez sa mamie. Elle s'y montre plus agitée, et refuse souvent d'écouter ce que lui dit sa maman. Aussi, Nadine préfère la laisser chez sa mère, qui, dit-elle s'en occupe mieux, et cela malgré les nombreux kilomètres qui séparent leur domicile de celui des grands-parents maternels. Son mari, n'ose pas trop la contrarier pour éviter que n'éclate entre eux une dispute que sa nature bonhomme redoute par-dessus tout. Un jour, pourtant, le conflit éclate. Il s'agit de confier Léa à la grand-mère maternelle pour la soirée (la baby-sitter, grippée, n'a pu prévenir de son absence qu'au dernier moment), et le père de Nadine n'a pas envie de faire plusieurs kilomètres pour cela, alors que ses propres parents sont voisins. Cette dispute est l'occasion de reproches non formulés jusqu'à ce jour. Nadine accuse son mari de ne jamais prendre parti pour elle lorsqu'elle est en désaccord avec sa belle-mère sur l'éducation de Léa, ou de ne pas être plus autoritaire avec leur fille quand ils sont chez les grands-parents. « On dirait que tu redeviens un gamin quand tu es chez tes parents, lui dit-elle. Tu n'oses rien leur dire. D'ailleurs, tu ne leur as même jamais demandé de s'excuser d'être arrivés en retard à notre mariage... »

L'avis du psy

Il existe probablement un contentieux entre Nadine et ses beaux-parents, pas forcément grave, mais qui, pour ne pas avoir été réglé, parasite les relations entre adultes. Léa ressent ces tensions et exprime l'anxiété que cela génère chez elle par son agitation ou le désir de jouer en permanence (et de ne pas écouter sa maman) pour ne pas y être trop confrontée. Les différences éducatives, et notamment des attitudes très permissives, ne sont pas en soi responsables de l'agitation de l'enfant. Il n'y a pas une éducation identique à une autre et il est normal d'avoir des conceptions éducatives différentes en fonction de son âge, de l'époque où l'on a grandi, de l'éducation qu'on a soi-même reçue... Il faut seulement faire un choix

lorsque l'enfant est au centre de plusieurs façons de faire afin qu'il ne se sente pas partagé entre ceux qu'il aime. Pour éviter une rivalité dans cette responsabilité éducative on peut appliquer une règle simple : c'est le responsable de la maison où l'on se trouve qui donne le « la ». L'autorité des grands-parents se substitue à celle des parents quand on est chez eux. Et pour que l'enfant le comprenne bien, on peut lui dire que « quand on est chez Papi et Mamie, c'est eux qui commandent ! » Il n'y a pas de crainte à ce que l'enfant en garde de mauvaises habitudes car l'influence des grands-parents reste relative au temps passé chez eux et à la proximité générationnelle. Bien sûr, il faut pour cela s'entendre un minimum entre adultes et trouver des compromis.

Il est important de nous interroger sur la pertinence à confier nos enfants à nos parents, lorsque nous leur en voulons ou que nous les considérons comme de mauvais parents. Deux notions sont à garder à l'esprit. En premier lieu, un homme ou une femme que l'on jugerait mauvais père ou mère indigne peuvent devenir des grands-parents tout à fait acceptables. Le lien qui unit parents et enfants est de nature différente de celui qui se tisse entre grands-parents et petits-enfants. En second lieu, les enfants, dans leur intérêt, ne doivent pas être mêlés aux conflits des adultes. On peut ne pas s'entendre avec ses (beaux-)parents, les enfants ne doivent pas pour autant devenir l'enjeu des griefs. Et si ces derniers tirent des bienfaits à voir leurs grands-parents, ce serait dommage de les en priver.

Frères et sœurs

En dehors des situations de famille où l'enfant est unique, l'arrivée d'un petit frère ou d'une petite sœur favorise l'émergence de sentiments complexes chez l'aîné, qu'il serait réducteur de ne considérer que comme de la jalousie. L'amour des parents n'est pas un gâteau que l'on partage entre frères et sœurs (plus on le divise moins il y en a pour les autres) : c'est au contraire un sentiment exponentiel et évolutif. Chaque enfant est différent, dans son caractère, ses façons de réagir, ses goûts, ses centres d'intérêt…, et induit chez ses parents de nombreuses façons d'aimer. Et parce que l'enfant grandit et change, l'amour de ses parents suit lui aussi ces transformations. Plus il s'exprime dans ses différentes modalités, plus il est abondant !

Mal-aimée depuis que sa sœur est née !

Héloïse a 6 ans. Son année de CP se déroule sans difficulté particulière. C'est même une enfant brillante, qui a su lire et écrire très vite et tire beaucoup de plaisir à présenter à ses parents des cahiers bien tenus, et à leur offrir des dessins multicolores. La naissance d'une petite sœur (le deuxième enfant du couple) vient bouleverser ce fonctionnement harmonieux. Héloïse devient râleuse, réclame son biberon et mouille de nouveau son lit. Le papa, qui fait le lien avec la naissance du bébé, se montre ferme et lui explique à juste titre qu'elle n'en est plus un et doit se conduire comme une grande fille. Pour la responsabiliser, la maman l'associe aux soins de sa sœur, lui propose de la prendre dans ses bras ou de lui donner le biberon, en la félicitant de toute l'aide apportée. Héloïse s'acquitte de ces tâches avec beaucoup d'application ; mais parallèlement, son appétit décroît, elle ne fait plus pipi au lit mais dort mal, réveillée chaque nuit par des cauchemars. À l'école, elle se montre tour à tour rêveuse ou agitée, ses cahiers et ses dessins s'en ressentent.

L'avis du psy

Il arrive que certains enfants grandissent avec le sentiment que l'amour des parents peut s'estomper comme disparaît parfois l'amitié qu'ils éprouvent pour tel ou tel camarade. L'arrivée dans la famille d'un nouvel enfant peut raviver cette crainte, de la même manière que la présence d'un nouvel élève accapare toutes les attentions, et bouleverse les amitiés anciennes. L'évolution des marques d'affection et les façons différentes de se comporter avec chaque enfant, renforcent encore cette inquiétude, qui peut faire le lit d'une véritable dépression.

Dans le cas d'Héloïse, les réponses des parents, tout à fait judicieuses, ne suffisent pas à la rassurer. Au contraire, car elle accomplit les tâches qui lui sont demandées avec d'autant plus d'abnégation qu'elle espère n'en être que plus aimée. Cela signifie dans son esprit revenir à la situation d'avant la naissance du bébé et retrouver les mêmes marques d'attention que lorsqu'elle était plus petite, ce qui, bien sûr, n'est pas possible… Il appartient à l'adulte (parfois un thérapeute, dont l'enfant perçoit l'objectivité) de lui faire comprendre que quoi qu'il arrive ses parents seront toujours ses parents. Et que leur amour, même lorsqu'il évolue parce qu'il grandit en même temps qu'elle, reste toujours présent.

La rivalité fraternelle

Ce qui rend difficile l'acceptation de la naissance d'un puîné se décline selon deux axes :
– Un axe que l'on pourrait imaginer vertical, car il concerne la relation des parents avec l'enfant et réciproquement, qui sera d'autant plus net que l'enfant est unique. À la naissance de son frère ou de sa sœur, l'enfant cesse d'être le seul centre d'intérêt de ses parents et la blessure narcissique que génère cette constatation est d'autant plus douloureuse que s'ajoute le sentiment d'être obligé de partager l'amour des parents.
– Un axe horizontal, qui touche la relation aux frères et sœurs. L'étendue de la fratrie modifie les liens entre chacun. La pression parentale ne sera pas la même si l'enfant est seul ou non. Lorsque la fratrie est importante, il n'est pas l'unique préoccupation des parents ; bêtises et réussites, déceptions et satisfactions se succèdent et sont le fait des différents enfants. Cette alternance permet aux parents de relativiser les choses. Ils auront plus de difficulté à le faire s'ils n'ont qu'un seul enfant et qu'il est considéré comme un modèle de vertu, ou, à l'inverse comme la « brebis galeuse » du troupeau familial. Pour

les enfants aussi, il est important de ne pas se sentir le centre des attentions parentales, qu'elles soient bienveillantes ou non.

La place au sein de la fratrie

Dans la dynamique fraternelle, il n'est pas anodin d'être né le premier, le deuxième ou le dernier… Cette organisation de la fratrie crée une hiérarchie immuable : les aînés resteront toujours les aînés et les cadets, toujours les plus jeunes. Le plus âgé possède un statut particulier : il a souvent une responsabilité vis-à-vis des autres, c'est souvent le premier à se faire disputer, mais sa place dans la fratrie lui confère aussi des avantages dont ne jouissent pas encore les autres, et, sauf exception (en raison de caractéristiques physiques ou de difficultés de santé particulières), il est considéré comme le plus fort. Cela ne se résume donc pas seulement à ce que les enfants décrivent par un laconique : « C'est les plus grands qui commandent et les plus petits qui embêtent. »

Outre qu'ils favorisent une psychologie particulière chez l'enfant, ces éléments sont aussi à l'origine de rôles plus ou moins bien assumés en fonction de son rang dans cette organisation. L'aîné est fréquemment le « représentant » de ses frères et sœurs, le porte-parole des revendications de la fratrie auprès des parents. Que ce soit pour l'argent de poche ou pour la première console de jeux qu'il peut négocier âprement, il ouvre la voie aux nouvelles habitudes. Les suivants n'auront plus qu'à s'y engouffrer. Pour les parents, les premières concessions accordées à leur aîné pourront paraître énormes, alors qu'elles sembleront dérisoires pour les suivants. Précisons qu'à cet âge, les revendications portent d'abord sur les sorties à vélo, la possibilité d'aller dormir chez le copain de classe, et n'ont encore rien à voir avec celles des adolescents (le scooter, les sorties le soir…).

Le cadet est en rivalité avec l'aîné. La principale raison est qu'il accepte souvent mal de ne pas se voir accorder les mêmes avantages que celui-ci alors que la différence d'âge lui paraît insignifiante, voire un mauvais prétexte. Cette rivalité peut se traduire par des conflits, qui se produiront d'autant plus souvent que les enfants sont du même sexe et d'âges rapprochés. Même si elles ne revêtent aucun caractère pathologique, selon leur intensité et la fréquence de leur survenue, ces disputes peuvent parasiter l'ambiance familiale dans son ensemble, et nécessiter l'intervention des parents. Le plus compliqué pour eux est alors de ne pas tomber dans le piège du « c'est-lui-qui-a-commencé ! » que chacun des enfants entonnera en chœur. De même, il est délicat de jouer le jeu de la responsabilisation de l'un au profit de l'autre, en disant par exemple : « c'est toi le plus grand, tu devrais être le plus raisonnable », car indépendamment de leur âge ils sont tous les deux, au même titre, des enfants dont seuls les parents sont responsables.

Le droit à l'injustice

« – Et pourquoi Marie, elle a droit à ça et pas moi ! »

« – C'est pas juste ! Benjamin peut tout faire et moi pas ! »

« Je suis injuste et le serai toujours ! » Voilà ce que Françoise Dolto conseillait aux parents de répondre haut et fort à leurs enfants, tout en recommandant, bien sûr, de rester équitables. Ainsi, la plupart des revendications tomberont d'elles-mêmes. D'abord parce que cette affirmation coupe court à toute demande d'explications, qui laisse souvent l'adulte à court d'arguments et renforce l'enfant dans sa requête, ensuite parce qu'adopter une telle attitude rassurera le parent, réalisant qu'il agit dans l'intérêt de chaque enfant sans pour autant avoir à se justifier. Les parents doivent donc prendre conscience que, dans la plupart des cas, c'est une erreur de vouloir répondre à chaque enfant de la fratrie de la même façon, même si, par jalousie ceux-ci le réclament. En effet, chacun est différent. En fonction de son âge, de sa maturité, certaines compétences permettent à l'un ce qui n'est pas encore (ou plus !) possible à l'autre. Il ne nous viendrait pas à l'idée de proposer le sein à notre fille de 6 ans, parce qu'elle exige de manger comme son petit frère de quelques mois, ou de la laisser grimper sur le scooter de sa grande sœur adolescente. Même les jumeaux sont concernés par cette altérité, puisque les goûts, les envies ou les centres d'intérêt peuvent également varier. Pourquoi imposer à Pierre de faire du foot comme Martial, s'il préfère le judo ou la danse ? Dans d'autres cas, la rivalité va prendre les traits de la compétition, et s'avérer, dans certains cas, plus bénéfique : on verra ainsi des frères et sœurs se mesurer dans le sport, comparer leurs résultats scolaires, tout cela sous le couvert d'une bonne entente, et selon le terrain d'expression que chacun se choisit. Le dernier-né, lui, est souvent perçu comme le préféré par l'ensemble de la famille, grands-parents compris. Ce n'est bien évidemment pas toujours le cas, même si cette croyance, très commune, est partagée par les aînés. Ce qui est considéré comme du favoritisme correspond parfois à des exigences moindres des parents : l'expérience acquise auprès des plus grands permet de relativiser et de réagir plus passivement. Les plus grands peuvent alors avoir tendance à compenser ce qu'ils considèrent comme une trop grande complaisance des parents par des comportements plus rudes avec le petit dernier. Les moqueries, les insultes qui visent à le rabaisser, ou les attitudes qui isolent, sont, à ce titre, des armes redoutables.

Une particularité des fratries de trois est l'alliance qui se forme implicitement entre l'aîné et le benjamin, et qui laisse une place singulière à l'enfant du centre. L'aîné « parentalisé », protège le petit dernier, qui fort, de ce soutien, joue de provocation et de rivalité avec le cadet. Celui-ci se trouve souvent, de ce fait, isolé, d'autant plus que les parents peuvent, dans cette configuration, donner l'impression d'avoir chacun choisi leur enfant préféré, l'un, l'aîné, l'autre, le benjamin.

Quel est le bon écart d'âge entre frères et sœurs ?

Des études ont montré que les réactions de jalousie les plus importantes se manifestent lorsque l'écart d'âge entre les enfants est compris entre 18 mois et 3 ans. Lorsque celui-ci est inférieur, on assiste davantage à des relations de dépendance mutuelle comme celles que l'on retrouve chez certains couples de jumeaux. Lorsque l'écart est supérieur à 4 ans, c'est plutôt une relation d'indépendance de l'un envers l'autre qui va s'installer. En fonction de son âge au moment de la naissance de son petit frère, l'enfant ne va pas réagir de la même façon. Après 7 ans, il dispose de ressources cognitives et affectives qui lui permettent d'avoir une perception plus sereine de sa place au sein de sa famille et de son rôle. Cela lui permet de s'identifier plus ou moins à ses parents en participant aux soins portés au dernier-né.

Enfin, on notera que le sexe joue un rôle dans cette dynamique relationnelle : la rivalité est plus marquée dans les fratries constituées uniquement de filles (ou de garçons) que lorsqu'elles se composent d'enfants des deux sexes.

Indépendamment de cette dynamique relationnelle, les frères et sœurs constituent des partenaires de jeux et d'interaction permanents, avec lesquels les processus de développement se font en commun, ce qui favorise les comportements d'imitation au sein de la fratrie. Or, l'enfant de plus de 7 ans a besoin de prendre ses distances vis-à-vis de celle-ci et accorde une importance majeure à l'amitié et aux relations avec les copains du même âge. Cependant, bien souvent, le principe de solidarité entre frères et sœurs reste la règle à l'extérieur : il n'est pas rare que l'aîné intervienne pour défendre son petit frère s'il se fait importuner par un plus grand dans la cour de récréation.

L'école élémentaire : le temps des nouvelles relations

La vraie révolution pour l'enfant de 6 ans est l'admission à l'école primaire. On peut même affirmer que c'est ce qui marque, socialement, son entrée dans l'âge de raison. Certes, il a déjà fait l'expérience de la scolarisation en maternelle et des prémices d'une intégration dans un groupe d'enfants en dehors de sa famille. Cependant, le fonctionnement de ce premier cycle reste assez proche de celui de la maison. Certaines habitudes, comme la sieste, y sont relayées, la maîtresse est accompagnée d'une assistante maternelle, et même, si les bases des apprentissages se mettent en place, on attend surtout de lui qu'il découvre la vie en groupe et apprenne progressivement à devenir élève.

La « grande école »

Avec l'accès à la « grande école », les enjeux sont différents. Deux facteurs concourent à cela :
– Le premier est légal, puisque au regard de la législation française, l'école devient obligatoire à 6 ans (« Les États parties reconnaissent le droit de l'enfant à l'éducation [...]. Ils rendent l'enseignement primaire obligatoire et gratuit pour tous ; » extrait de l'article 28 de la Convention internationale

des droits de l'enfant [20 novembre 1989]). Or, l'introduction de la loi, qui n'est plus uniquement celle des parents, et du père en particulier, dans le quotidien de l'enfant est fondamentale dans son développement. La scolarisation ne dépend plus du bon vouloir du parent, ou de ce qui l'arrange. Même si l'enfant de 6 ans ne prend pas conscience de ce droit qui est le sien, il va progressivement comprendre qu'il existe une autorité supérieure à celle de ses parents. Avec les règles que l'école impose, il réalise qu'il existe des lois extérieures à la famille (en classe mais aussi dans la rue, par exemple, les feux rouges qui imposent aux conducteurs de s'arrêter) qui ne dépendent pas de ses parents, et auxquelles ils sont eux aussi obligés d'obéir.
– Le second est plus affectif. L'accès à l'école primaire, la « grande école », est très souvent chargé d'enjeux importants. Il signe de façon concrète la croissance de l'enfant. Si, pour les parents, cette prise de conscience se fait essentiellement lors de l'acquisition de la marche, puis de l'entrée en maternelle, première vraie séparation d'avec l'enfant, pour ce dernier, cette prise de conscience est plus tardive. Cette étape, qui aura été annoncée dès la fin de la grande section, préparée pendant les congés d'été, discutée et commentée par tous les membres de la famille et parfois même par les voisins, est vécue comme un passage, souvent chargé d'appréhension.

Commence ainsi le temps des séparations familiales : une part importante de la vie de l'enfant va dès lors s'organiser hors de la famille. Les classes vertes ou de découverte, les activités extrascolaires, le centre aéré du mercredi, vont augmenter les moments passés loin des parents et multiplier les interactions avec d'autres enfants, mais également avec d'autres adultes. À l'âge de la scolarisation obligatoire, l'enfant « sort » du regard omniprésent des adultes référents, et se confronte à des autorités différentes et pas toujours compatibles.

Enfin, l'obligation scolaire joue un rôle non négligeable dans la responsabilité qu'on lui attribue pour le bonheur futur de l'enfant. Briller à l'école est (encore pour beaucoup) synonyme de réussite dans la vie. Ainsi s'engage la saison des grands apprentissages. Bien sûr, ce ne sont pas les premiers que l'enfant réalise. On les oublie, car ils semblent aller de soi, mais parler et marcher sont les premières compétences que le bébé a acquises, sous le regard bienveillant des parents, et grâce à leur participation active. La scolarisation vient symboliquement modifier cette dynamique, en soulignant la nécessité de confier à d'autres, maîtres et maîtresses, dont c'est la profession, le soin de transmettre un savoir que ne maîtrisent pas toujours les parents.

Les programmes

Deux cycles composent l'enseignement primaire :

- **Le cycle des apprentissages fondamentaux qui réunit la grande section (dernière année) de maternelle, le CP (cours préparatoire) et le CE1 (cours élémentaire 1re année).**
- **Le cycle des approfondissements qui s'étend du CE2 (cours élémentaire 2e année) aux CM1 et CM2 (cours moyen 1re et 2e années).**

L'apprentissage de la lecture et de l'écriture se fait au cours du premier cycle (retrouver les étapes essentielles d'un récit, résumer un texte, écrire lisiblement, savoir se corriger, copier un texte, rédiger une histoire courte, écrire sous la dictée, lire des textes normatifs, distinguer les homonymes grammaticaux, et connaître les bases de la grammaire et de la conjugaison – indicatif présent, passé composé et impératif pour les verbes des trois groupes…). Est également développée l'utilisation des outils utiles pour le faire (savoir se servir d'un dictionnaire, utiliser une bibliothèque…).

Les bases mathématiques (comptines numériques, dénombrement, sériation…) se mettent en place également

au cours de ce premier cycle, les opérations plus complexes (l'addition, la soustraction, le calcul mental) sont abordées en CE1, la multiplication et la division apparaissent au cours du second cycle. La connaissance des mathématiques se poursuit avec un approfondissement du calcul mental, l'utilisation des tableaux graphiques, des outils de géométrie classique, le matériel et les concepts — périmètre, surface, volume, et théorèmes —, l'apprentissage des notions de vitesse, d'échelle, de pourcentage, de moyenne… Cette dernière étape, avant la 6e et l'entrée au collège, insiste également sur la maîtrise de la syntaxe, qui permet d'analyser, de questionner, d'argumenter et entraîne l'enfant à mémoriser un texte en vers ou en prose, résumer, lire couramment (déchiffrer en particulier les mots inconnus) à voix haute et silencieusement, écrire avec application, rapidement et sous la dictée, construire une histoire et la transcrire par écrit en respectant l'orthographe et la syntaxe, savoir se corriger. Enfin, les bases de l'histoire et de la géographie complètent ce programme bien chargé.

Bien sûr, il peut exister des variantes selon les écoles. Il n'y a pas lieu de s'en inquiéter, l'essentiel étant que l'enfant acquiert en son temps toutes les données nécessaires à son passage en 6e. Cependant, l'accent n'est pas toujours suffisamment mis sur l'acquisition de méthodes de travail.

Les clés de la réussite scolaire à cet âge sont à la fois dans les mains de l'enfant et dans celles des parents. Elle va dépendre pour le premier de deux composantes essentielles, mais qui ne vont pas toujours de soi : le désir d'apprendre et la motivation. En parallèle, l'attitude des parents reste déterminente.

Le désir d'apprendre et la motivation

Le désir d'apprendre est attaché à la faculté d'apprendre qui est propre à tout enfant, et s'inscrit en partie dans son patrimoine psychoaffectif et génétique. Il en va des apprentissages scolaires comme des premiers apprentissages. La marche ou le langage, par exemple, dont l'essor est lié à de multiples facteurs, comme le développement neurobiologique, mais également les stimulations environnementales dont l'enfant peut bénéficier. Le désir d'apprendre naît de la prise de conscience des pouvoirs nouveaux que l'on acquiert et des bénéfices que l'on tire de ces savoirs neufs. L'envie de satisfaire, entre autres, la curiosité que cela réveille vient l'entretenir et le stimuler. Certes, le désir d'apprendre est également inhérent à la capacité et aux possibilités de chacun. Un enfant dont les compétences cognitives, la mémoire, l'intelligence, les facultés discriminatives seraient perturbées, peut être parasité dans son élan. À l'inverse, son désir d'apprendre peut également dynamiser ses facultés intellectuelles. Un enfant moyen réussira mieux s'il est motivé qu'un enfant doué qui ne l'est pas.

La motivation est la part active du désir. Elle vise à réduire un état de manque qui peut être physiologique (c'est la motivation fondamentale qui répond à un besoin primaire comme la faim, le sommeil ou le besoin sexuel) ; il peut également être psychologique ou affectif, comme le besoin d'amour, de tendresse, de reconnaissance… Le phénomène se potentialise généralement en présence d'une stimulation valorisée, réelle ou imaginée dans l'esprit de l'enfant. Ainsi, s'il sent que ce qu'il fait reçoit un accueil favorable de son entourage, il sera d'autant plus enclin à le répéter. Les ferments de cette motivation ont donc une origine individuelle mais également familiale, ou sociale…

En ce qui concerne les apprentissages scolaires, les facteurs de motivation vont évoluer au fil du temps. Jusqu'à 7/8 ans, les sollicitations extérieures, liées au besoin d'imiter l'adulte et de répondre à sa demande, essentiellement dans le but de faire plaisir aux parents et à la maîtresse, sont prioritaires. Elles se nuancent après 8 ans d'incitations internes, plus personnelles :

c'est le plaisir de la compétition, l'émulation avec les autres élèves, mais également face à soi-même. La valorisation narcissique que l'enfant en retire auprès de la communauté de ses pairs, joue un rôle important, comme le sentiment de connaître plus de choses, de maîtriser les secrets du monde, de se sentir plus fort et plus intelligent. Plus tard, vers 11 ou 12 ans se développe le désir d'accéder à des valeurs culturelles, plus universelles, et s'intègre la nécessité d'apprendre un métier. La prise de conscience de l'évolution des motivations de l'enfant permet de comprendre que des conseils comme « il faut que tu travailles bien à l'école si tu veux avoir un bon métier plus tard » sont inopérants chez l'enfant à l'âge de raison. À cela s'ajoute cette perception différente du temps en général, et de l'avenir en particulier, qui ne lui permet pas de s'imaginer adulte. Il est souvent inutile de lui parler du « bon métier » trop tôt, voire risqué, surtout si nous-mêmes nous avons l'habitude d'exprimer nos récriminations après une journée de travail... Dans un ordre d'idées assez proche, on pourra également souligner, sous forme de boutade, que l'enfant ne va pas à l'école pour travailler mais pour s'instruire. Alors qu'on peut apprendre en s'amusant, le travail des enfants, lui, est interdit en France !

Influence de la famille sur la scolarité

Quel que soit son statut à la maison (fils unique, aîné d'une grande famille, ou petit dernier...) l'enfant devient, à l'école, identique à tous les autres élèves de sa classe, dans un groupe où tous ont le même âge et sont considérés sans distinction apparente (du moins en principe) par l'adulte chargé de s'occuper d'eux, la maîtresse. Gouttes d'eau perdues dans l'océan, au milieu de centaines d'autres, certains peuvent parfois se sentir déstabilisés car remis en question dans leur identité individuelle. C'est finalement d'être soumis aux mêmes règles, aux mêmes rythmes, et au même impératif – celui d'apprendre – qui peut le mieux les aider. Il est important de les soutenir en cela (en respectant les codes de l'école, les horaires, la parole des enseignants...), car en s'y conformant l'enfant acquiert une nouvelle identité, celle d'écolier. En adoptant ce nouveau statut et en adhérant aux désirs dont il se sent investi par ses parents et l'enseignant, il va plus aisément entrer dans les apprentissages.

Il a besoin d'être encouragé. Deux attitudes l'aident énormément en cela : le rassurer sur ses capacités et le féliciter pour ses progrès. La peur de ne pas y arriver, ou de rater, peut freiner un enfant quelles que soient ses compétences réelles. Ces craintes peuvent faire écho à celles de parents, anxieux de ne pas voir leur protégé réussir tout ce qu'il entreprend et du premier coup. Il est important que chacun puisse sentir qu'il n'est pas interdit de se tromper et que ce droit à l'erreur est même un aspect fondamental des apprentissages. C'est grâce à la répétition d'expériences tour à tour réussies ou échouées, corrigées et améliorées que s'inscrit de façon durable tout ce que l'on apprend. Cependant, cette notion n'est pas toujours aisément acceptée par les parents, qui voient leur narcissisme mis à l'épreuve au cours de ces premières années d'école. La comparaison avec les autres élèves, le regard de l'enseignant, les considérations des différents parents les confrontent à une réalité qui n'est pas toujours celle qu'ils avaient espérée. Ils peuvent se sentir déçus que leur enfant ne soit pas aussi brillant qu'ils l'avaient rêvé, voire blessés, ou trahis. Leur propre histoire, les rapports qu'ils ont entretenus dans l'enfance avec l'école, les souvenirs qu'ils gardent de leurs propres enseignants, interfèrent de façon inconsciente dans ce vœu par procuration.

« C'est de la faute de la maîtresse... »

Marc est un enfant qui a développé un blocage face aux apprentissages scolaires.

Alors qu'il sait tout de la préhistoire et des hominidés qui ont précédé l'homme moderne, ou de la disparition des dinosaures, ses notes à l'école sont catastrophiques. Il est intarissable sur l'Antiquité égyptienne, dont il peut citer sans se tromper toutes les dynasties, en évoquer les guerres intestines ou toutes sortes d'anecdotes inhérentes à cette époque, mais il est incapable de répondre aux questions d'un contrôle d'histoire ou de géographie. Alors qu'il s'exprime dans un langage soutenu, utilisant un vocabulaire varié bien plus étendu que celui que l'on pourrait attendre d'un enfant de son âge (il a 8 ans), ses cahiers et copies sont noircis d'une écriture malhabile, brouillonne, et truffés de fautes d'orthographe et d'inattention. Marc adore dessiner, il invente sur le papier des machines extraordinaires dont le fonctionnement s'appuie sur les rudiments de la physique et préfère, même en récréation, ces activités solitaires à des jeux avec les copains. Interrogé sur ces paradoxes, le père est catégorique : « C'est de la faute de la maîtresse. Elle ne sait pas s'en occuper, alors qu'il est super-intelligent. » Marc est plus mitigé. Il aime bien la maîtresse, mais il a l'impression que ce n'est pas réciproque. Il est mal à l'aise quand elle le regarde ou l'interroge et globalement ne se sent pas bien à l'école.

L'avis du psy

L'attitude du père amène une première remarque. Les critiques formulées à l'égard de la maîtresse renvoient directement aux ressentiments qu'il a nourris tout au long de son enfance à l'encontre du corps enseignant, que sa réussite ultérieure « à la force du poignet » a renforcé : « Je n'ai pas eu besoin d'eux pour me faire une place dans la société », répète-t-il au cours d'un premier entretien. Ces perceptions entrent probablement en résonance avec les sentiments de Marc que toute situation d'examen angoisse et met en difficulté. Il a véritablement plaisir à apprendre, mais à condition que cet apprentissage ne soit pas soumis à une évaluation de ses connaissances. Il me le dit en consultation : « Puisque je le sais, pourquoi elle (la maîtresse) me met à l'épreuve ? Elle veut me piéger. » Il vit la

relation avec l'enseignante comme menaçante, car il l'imagine pétrie de mauvaises intentions. Chaque devoir est un test où il se sent remis en question, la tension qu'il génère paralyse son corps et son esprit, favorise l'échec, et explique les crispations de son poignet quand il écrit. Plusieurs consultations ont été nécessaires pour lui permettre de reprendre confiance en l'école, et de se faire des amis. C'est depuis un élève brillant qui, comme Indiana Jones, veut devenir professeur d'archéologie.

Quels que soient les qualités et les défauts de l'enseignant, quels que soient ses sentiments réels ou imaginés par l'enfant et ses parents à leur égard, son rôle est d'enseigner et celui de l'enfant est d'apprendre, dans les conditions de la classe où l'un et l'autre sont inscrits. Il faut donc faire avec. L'idéal est que chacun trouve un terrain d'entente, un modus vivendi qui permette à chacun de tenir sa place et d'avancer. À un enfant qui se plaint de sa maîtresse on pourra rétorquer, à l'instar de Françoise Dolto : « Tu en as de la chance d'avoir une maîtresse qui ne t'aime pas. Elle te donne l'occasion de ne pas t'attacher à elle. Apprends bien ce qu'elle t'enseigne pour vite passer dans la classe supérieure ! »

Il est important de souligner que les notes évaluent la copie, pas l'enfant. Un résultat médiocre à un devoir n'est pas le fait d'un mauvais élève ! Il signifie que la leçon n'était pas suffisamment comprise ou apprise, que l'enfant a peut-être été surpris par les questions ou qu'il n'a pas saisi ce qu'on attendait de lui. Quoi qu'il en soit, ce résultat doit être utilisé comme un outil d'appréciation qui permet de progresser et de mettre en lumière les lacunes et les difficultés, pour cibler les efforts et s'améliorer.

Dans tous les cas, il est important d'éviter les « doubles peines » : inutile de punir à nouveau un enfant qui l'a déjà été par sa maîtresse, ou pour qui la sanction de la note est suffisamment éloquente. Cela est également valable pour les bêtises en général, lorsqu'elles sont réalisées dans le milieu scolaire. Bien souvent, si la punition a déjà été donnée par la maîtresse, marquer sa désapprobation suffit.

Le temps des devoirs

Il est bien compliqué de parler des devoirs sans souligner ce paradoxe : dès le CP, l'enfant rentre de l'école avec, alors que tout devoir écrit, obligatoire ou facultatif, est interdit, comme le stipulent les différentes circulaires du Bulletin officiel depuis l'arrêté du 23 novembre 1956 jusqu'aux réformes du 6 septembre 1994 ou de 2004. Ils sont tout au plus limités au minimum que représente la révision des leçons apprises en classe. Le programme scolaire et l'organisation des cours, qui prévoient des études surveillées ou dirigées par l'enseignant en fin de journée, permettent en théorie de s'en passer. En réalité, la demande des parents, soucieux de voir leur enfant progresser, d'être informés de ce qu'il fait en classe, ou attachés à l'idée qu'un bon maître est celui qui donne beaucoup de devoirs, contribue à maintenir leur pratique. À cela s'associent les réalités individuelles et de terrain (grande variabilité de niveau entre les élèves, labilité de leur attention ou de leur présence, absence de l'enseignant, classes surchargées…) qui les rendent en définitive bien utiles pour aider l'enfant à atteindre le niveau de connaissance escompté en fin d'année et à terminer le programme. Enfin, l'idée est de préparer progressivement l'enfant à la 6e, où la quantité de travail scolaire croît subitement et l'expose à un risque de saturation.

Les devoirs de vacances : comment s'y prendre ?

Il est fondamental de respecter cette période de repos qui correspond à un moment structurant de la vie de l'enfant. Les vacances ne doivent pas devenir une succursale en plein air de l'école. L'enfant a besoin de se détendre, de se changer les idées, de se divertir, de varier ses activités et ses rencontres.

Cependant, eu égard à la durée des congés, certains enfants peuvent avoir besoin d'entretenir les connaissances étudiées pendant l'année.

Plusieurs options peuvent alors être envisagées. La plus ludique, pour lui permettre de maintenir ses acquis, est de lui proposer de tenir son propre « journal de vacances » dans lequel il pourra écrire et dessiner les différents événements de son séjour, coller des images ou des photos des endroits visités, réaliser un herbier ou toutes sortes de créations susceptibles de l'intéresser. Cela constitue une manière agréable de donner du sens à ce qu'il a appris au cours de l'année. Mais gare, bien sûr, à ne pas être trop sur son dos et s'acharner à corriger toutes ses fautes d'orthographe ou lui rappeler à tout moment ce qu'il doit retenir, car cela pourrait briser son élan. Lorsque les lacunes sont plus importantes, ou que la rentrée risque de s'avérer difficile, on peut s'y préparer en ayant recours aux cahiers de vacances, vendus dans le commerce. La plupart sont bien conçus et respectent le programme scolaire tout en restant ludiques et agréables. Quoi qu'il en soit, si vous hésitez, le meilleur livret sera de toute façon celui qu'aura choisi l'enfant ; quelles que soient les raisons de sa préférence (même s'il vous semble avoir opté pour le plus facile ou celui qui comporte le moins de pages !) tant qu'il correspond à son niveau ou à son âge. c'est la meilleure garantie pour qu'il s'attelle vraiment à la tâche. Cette liberté s'applique aussi aux livres qu'il aura envie d'emporter avec lui. Enfin, laissez-lui profiter à fond des premières semaines de congés en convenant avec lui de la date où commenceront les révisions, dans la seconde partie des vacances.

Le rapport des enfants aux devoirs est souvent difficile : comme leur nom l'indique, ils s'imposent à l'élève et sont vécus, parfois par les parents également, comme une contrainte, après une journée déjà bien remplie. Certains cependant les apprécient particulièrement. Ce ne sont pas spécifiquement les meilleurs élèves, qui, au demeurant, peuvent les considérer comme superfétatoires, mais plutôt ceux qui trouvent là un moyen de se rassurer, d'apaiser leurs inquiétudes à l'égard de leurs performances, ou de solliciter par ce biais la présence et l'attention de leur père ou de leur mère.

Conseils pour une organisation optimale Il est important de mettre en place un cadre stable et régulier pour les devoirs du soir. Fixer une heure, toujours la même, pour les commencer, s'installer dans un lieu bien défini, où il est aisé de se concentrer, facilite la mise en route des révisions et évite bien des conflits. Il est ainsi possible à l'enfant d'anticiper chaque jour ce moment plus ou moins redouté, et d'intégrer ainsi cette activité à ses rituels de vie, comme le goûter ou le brossage des dents. Le meilleur moment pour se mettre à sa table de travail est sans doute en fin d'après-midi. Au retour de l'école, l'enfant a besoin d'un temps de récupération. Après une journée passée essentiellement assis, à se concentrer et à maintenir son attention, il lui est nécessaire de se défouler, d'évacuer les tensions et de s'aérer l'esprit avant de se plonger dans des révisions. Le goûter constitue un élément important de ce moment de détente auquel doivent s'associer des activités ludiques. Qui plus est, des études tendent à mettre en évidence un réveil de la vigilance et des facultés cognitives dans cette période. Il favorise une réalisation facilitée des exercices et une meilleure mémorisation, d'autant plus efficaces que les cours du jour sont relus le soir même.

À l'intérieur de ce cadre, on peut s'autoriser une certaine souplesse, et respecter par exemple les habitudes ou les particularités de l'enfant (sa tenue, sa posture, le besoin de se balancer sur lui-même ou de mâchonner son crayon, d'avoir un verre d'eau à proximité...).

Le lieu est bien sûr choisi en fonction de la maison, un coin sur la table de la salle à manger ou, si l'enfant en possède un, le bureau de sa chambre ; l'essentiel est de le tenir à distance des stimulants extérieurs qui pourraient venir détourner son attention, comme la télévision ou l'ordinateur. Il aura tout le temps de s'y intéresser une fois les devoirs terminés.

Le temps passé à ces révisions est très important. Il doit être limité aux capacités d'attention et de concentration de l'enfant. Cela n'a pas de sens de s'acharner même s'il n'a pas fini tous ses devoirs. On pourra évaluer en fonction de chacun le rythme et la durée de l'activité et s'adapter bien sûr à son état au quotidien (en fonction de sa fatigue du moment, de sa santé, de la journée qu'il a passée, de la période de l'année...). Pour les petits de CP, cinq minutes le soir sont amplement suffisantes. À partir du CM1, on pourra partager le temps entre quinze minutes pour les leçons nouvelles et quinze autres pour les révisions et les corrections.

Ces durées ne sont bien sûr que des estimations. À chacun de les adapter en fonction de la masse de devoirs et de la résistance de l'enfant, en gardant en mémoire qu'un esprit fatigué n'enregistre plus de données et que le temps passé devient alors du temps perdu. On aidera l'enfant à établir son ordre du jour en distinguant le travail urgent à remettre le lendemain et les devoirs qui peuvent être faits plus tard.
On aura à cœur de rendre ce moment agréable et facile (si, si c'est possible !). Pour cela, il est important de minimiser les tensions qu'il génère, et, par exemple, ne pas être toujours derrière son dos à vérifier qu'il travaille bien. On pourra se

contenter d'être présent au début pour l'aider à s'installer et faire le point sur ce qu'il est censé apprendre ou réviser pour le lendemain, facilitant ainsi la mise en route, qui reste bien souvent difficile, puis à la fin de l'exercice pour le féliciter et l'autoriser à passer à une autre activité. Il n'y a aucune raison que ce soit toujours le même parent qui se charge de ce soutien. Au contraire, en fonction des jours ou des matières (il se peut que le père et la mère aient chacun leurs domaines de prédilection) et selon les disponibilités, l'enfant appréciera que tour à tour, l'un ou l'autre lui vienne en aide d'une manière ou d'une autre. Dans les situations un peu extrêmes, pour éviter que cela ne tourne régulièrement au conflit il peut être préférable qu'un autre adulte s'occupe de soutenir l'enfant. Le rôle sera tenu par un étudiant, par exemple, qui présente l'intérêt d'être dans une position intermédiaire : c'est en quelque sorte un adulte encore à l'école (en IUT ou à l'université) et il peut être perçu comme un grand frère.

Comment lui dire qu'il faut qu'il fasse des efforts ?

Ses résultats sont catastrophiques ! Pourtant, vous sentez que ses compétences ne sont pas en cause, qu'il faudrait surtout qu'il y mette un peu du sien. Éviter les critiques négatives et personnalisées comme : « On ne peut pas te faire confiance ! » même si la veille du contrôle il vous a assuré qu'il connaissait ses leçons par cœur, ou « tu es un fainéant », « tu ne retiens rien de ce que tu apprends »… Ces remarques sont injustifiées, car on ne peut pas faire d'un épisode donné, un devoir mal fait, une leçon mal apprise, une généralité. De plus, comme elles sont mal perçues elles n'auront aucun impact sinon de favoriser les conflits chez les plus grands. Enfin, un jugement arrêté risque de bloquer tout désir de faire des efforts et de progresser : « À quoi bon se casser la tête ? Ça ne servira à rien si de toute manière je suis, par essence, un mauvais élément. »

Ces critiques généralisées donnent un caractère irrémédiable à sa personnalité ou à ses compétences et ne lui permettent pas d'imaginer la possibilité de changer.

Tous les parents n'ont pas la possibilité de surveiller les devoirs de leur(s) protégé(s), que ce soit en raison de leur emploi du temps, de l'heure du retour à la maison, ou de leurs compétences (ils peuvent présenter un handicap sensoriel, ne pas maîtriser le français...). Il n'y a pas lieu de s'en formaliser si un relais peut être pris par un tiers pour le suivi et que le parent manifeste tout de même son intérêt pour ce que l'enfant apprend. Feuilleter avec lui ses cahiers, lui demander ce qu'il a aimé ou pris plaisir à apprendre, lorsqu'on se retrouve en fin de journée ou de semaine, souligne l'attention qu'on porte à ce qu'il fait. C'est l'occasion de le féliciter et de l'encourager, indépendamment des notes qui ne sont pas une fin en soi. L'école occupe une part importante dans la vie de l'enfant de cet âge. Mais il n'y a pas que les apprentissages scolaires qui comptent. Surtout, pour que l'enfant les investisse et réussisse à l'école, il faut qu'il s'y rende avec plaisir. Pour cela, rien de plus motivant que d'y retrouver les copains avec qui il développe des échanges et vit des expériences indispensables.

Comment se faire comprendre par son enfant ?

Nos remarques seront utiles si elles sont entendues et écoutées, et qu'elles permettent ainsi une remise en question. C'est la première étape vers une mobilisation personnelle, l'élaboration de solutions et le changement. Si on veut formuler une critique constructive, il sera plus efficace de ne commenter que la situation, d'analyser ce qui fonctionne et ce qui « cloche », de parler de soi, de son avis ou de son expérience, pas forcément comme un modèle à suivre, mais comme une possibilité parmi d'autres. On privilégiera les encouragements, en évitant

également de punir à tout va, surtout en privant de loisirs de façon excessive. Les devoirs, qui amputent déjà une partie du temps libre, seront plus honnis encore s'ils suppriment les moments consacrés à jouer ou à se relaxer.

Les copains

La période de latence est véritablement l'âge où se développe la notion de camaraderie. Dans ce moment de vie, l'amitié est la plus pure, la plus absolue, détachée de toute préoccupation sexualisée. Lorsque l'on évoque les amitiés d'enfance, c'est de celles-là qu'il s'agit. Celles qu'on essayera de retrouver plus tard et dont on gardera, adulte, la nostalgie. Ces relations s'élaborent essentiellement entre enfants du même sexe. Dès que l'enfant prend conscience de son genre (à partir de 3 ans), il va favoriser des liens affectifs avec ceux-ci, en dépit de la mixité. Les communautés d'intérêts interviennent essentiellement en cela, ainsi que le désir de trouver dans l'ami un double, qui soit suffisamment proche, pour se sentir en confiance et partager une sensibilité commune, et tout de même assez différent, pour s'apporter de la nouveauté. Cela n'empêche pas l'existence d'amitiés très fortes entre enfants de sexes différents, lorsque ces critères sont perçus. En fin de période de latence, l'imminence de la puberté et le réveil des émois sexuels favoriseront le rapprochement des garçons et des filles.

Un nouveau code de l'amitié L'apprentissage des règles sociales va trouver un terrain d'expression privilégié dans le cadre des règles de jeux collectifs, mais également dans le fonctionnement de chaque espace de vie : la cour de récréation, les terrains de sport, le quartier de la maison passent sous l'influence de nouveaux codes implicites tels que la loyauté, la fidélité, la complicité… mais aussi la rivalité, la jalousie ou le dépit.

L'amitié se hiérarchise. Après 7 ans, la notion de meilleur copain se développe, avec des distinctions : « premier meilleur ami », « deuxième meilleur copain »…

L'âge de raison favorise une certaine stabilité affective. Aussi, en dehors de situations particulières (déménagement, changement d'école) l'enfant va garder tout au long de ses années du primaire les mêmes amis. Ces relations importent également par leurs dimensions sociales et intégratives. On chahute les « sans-amis », on évite celui ou celle que personne ne côtoie, et on s'organise soit en petits groupes, soit en équipes plus grandes, mais toujours structurés selon un modèle où se retrouvent un chef et ses sous-chefs, son pitre et son souffre-douleur. Il y a dans cette hiérarchisation des rôles et dans l'hétérogénéité de la bande ainsi constituée, une différence majeure avec les groupes que forment les adolescents. Ces derniers se retrouvent autour de styles vestimentaires, de goûts musicaux, de passions communes, avec un désir affirmé de se ressembler, pour mieux se différencier du reste du monde.

Cela n'empêche pas un certain conformisme dans ces amitiés. « Les garçons avec les garçons, les filles avec les filles » est une illustration de cette tendance à organiser ces relations selon des critères bien établis, tendance qui correspond tout à fait à cet âge, qui est aussi celui des classifications. Ainsi, l'enfant se lie d'amitié avec ceux dont il se sent assez proche : c'est celui avec lequel il partage des expériences communes (c'est avant tout les enfants de sa classe, celui avec qui il pratique un sport, partage les mêmes jeux…). L'amitié s'installera moins facilement lorsqu'il existe des différences d'âge ou de niveau scolaire. En effet, les enfants trop différents ou qui se singularisent du groupe ont du mal à trouver des amis, à l'instar des enfants précoces, qui, bien qu'ayant le même âge, mais avec un niveau intellectuel supérieur, ont tant de mal à se faire des copains. Ce n'est d'ailleurs pas systématiquement les enfants de parents ayant peu d'amis, ou les enfants uniques qui éprouvent le plus de difficultés dans l'établissement de rapports amicaux ; cela peut concerner des enfants ayant plusieurs frères et sœurs, mais qui ne vont pas savoir appliquer aux amis des approches relationnelles différentes de celles de la fratrie.

Car la capacité à créer des liens et se faire des copains ne va pas de soi. Les codes de l'amitié s'apprennent, le plus souvent progressivement et de façon tacite, mais il peut parfois être nécessaire de les enseigner, lorsqu'un enfant est en difficulté relationnelle. C'est un rôle qui échoit en partie à l'adulte. Quelques principes simples sont à préciser. L'amitié se donne, mais ne s'impose pas et peut être refusée, dans tous les cas elle ne peut s'acheter, ni avec des bonbons, ni avec un quelconque privilège qui en pervertirait la nature. Elle ne peut être l'enjeu d'un chantage (« si tu ne veux pas être mon ami, je dénonce toutes tes bêtises à la maîtresse »).

Le rôle des copains Le développement des relations amicales joue un rôle important dans l'évolution de l'enfant dans le fait notamment qu'il intervient dans les mécanismes qui lui permettent de se « décoller » de l'univers familial. Cela se perçoit a contrario chez certains enfants qui ont du mal à se faire des copains. Ils sont souvent encore trop liés à leur famille par une relation fusionnelle, qu'ils soient en particulier très attachés à leur mère ou piégés dans une dynamique fraternelle envahissante (fratries de jumeaux ou histoire familiale – un deuil, une fragilité particulière – qui favorise la cohésion).

Les relations amicales sont variables, en fonction des enfants, de leurs liens, de l'intensité avec laquelle les moments d'échanges sont partagés, mais également du terrain où elles se développent. On distinguera les copains de classe, que l'on voit tous les jours, des copains de voisinage ou d'enfance, que l'on connaît depuis qu'on est bébé, des copains de vacances, que l'on ne reverra peut-être jamais, mais avec qui on va souvent vivre les expériences les plus originales et les plus fortes de notre existence d'enfant. Le partage d'expériences communes basées sur l'échange et le jeu prime sur le partage d'idées, car ce sont les premières qui nourrissent le sentiment. L'attachement ne passe pas forcément par le verbe et la sympathie ne s'exprime pas toujours par les mots. Cela explique la facilité qu'ont les enfants de cet âge à créer des amitiés même lorsqu'ils ne parlent pas la même langue ou sont d'origines différentes, en mettant en acte leurs ressemblances.

L'intensité des sentiments amicaux n'est pas toujours évidente à cerner. On rencontre parfois de vraies amitiés passionnelles. Ces amitiés amoureuses se développent entre enfants du même sexe et se traduisent par un élan partagé et une idéalisation réciproque qui nourrissent le désir d'être comme l'autre et de ne jamais s'en éloigner. On veut lui ressembler, faire les mêmes activités que lui, posséder les mêmes objets, porter les mêmes vêtements… Elles peuvent associer un couple d'enfants ou concerner un trio ou un petit groupe indissociable. Les parents n'ont pas lieu de s'inquiéter outre mesure de l'intensité de ces affections, même s'ils ont parfois plein les oreilles d'entendre rabâcher en toute occasion le nom de l'élu(e). Cela permet à l'enfant de prendre modèle sur quelqu'un de son âge, extérieur à la famille, d'avoir des références de sa génération et des idéaux du même sexe, autant d'éléments structurants qui permettent de se détacher et de se construire.

Dans certains cas extrêmes cependant, il peut s'installer des relations pathologiques lorsque l'intensité de l'amitié prend la virulence d'une relation d'emprise. L'un des enfants peut alors exercer son ascendant et sa domination sur l'autre, avec l'assentiment de sa « victime », dans des rapports où le déséquilibre peut nuire à l'un comme à l'autre. Il est possible de s'en rendre compte lorsque « l'enfant-victime » cesse d'être dans des échanges sereins et qu'il devient l'objet de la toute-puissance de « l'enfant-bourreau ». Il réalise ses moindres désirs, lui cède son goûter à la récréation, ou échange des jouets qu'il aurait préféré garder. Son ambivalence, liée bien souvent à la peur de perdre une relation dont il est devenu dépendant, se double d'un sentiment d'impuissance qui finit par l'étioler. Il conviendra à l'adulte d'intervenir, pour mettre un terme à la relation ou lui permettre de retrouver un équilibre, pour que chaque enfant y trouve son compte. Cette intrusion des parents dans l'univers amical de l'enfant n'est pas toujours simple et non dénuée de risques. L'enfant peut vivre désagréablement cette ingérence dans un univers qui lui appartient. À ce titre, il est important de renoncer à influencer son enfant dans le choix du copain ou de la copine idéale. Cette sélection lui appartient, et, même s'il (ou elle) ne nous plaît pas, il ne servira à rien d'essayer de l'en détourner, au risque de générer des réactions d'opposition, de repli ou de dissimulation. On pourra en revanche, plutôt que marquer sa désapprobation, chercher à comprendre ce qui le/la séduit chez cet(te) ami(e), et favoriser la multiplicité des relations avec d'autres enfants. Il n'y a d'ailleurs pas toujours lieu de s'inquiéter qu'un enfant bien élevé s'attache au rebelle de la classe, ou se montre fasciné par le chef de bande. Cela peut constituer pour lui un bon moyen de vivre par procuration les bêtises qu'il n'éprouvera plus le besoin de réaliser pour de bon ! De même qu'avant de

« débarquer » à l'école pour régler un différend survenu entre deux camarades de classe, il peut être plus avisé de réfléchir avec son enfant aux solutions qu'il pourrait mettre en œuvre seul. Beaucoup d'attention et d'écoute sont requises pour l'aider à stimuler ses propres ressources affectives, comme pour accompagner ses déconvenues.

Car les ruptures d'amitié peuvent être très douloureuses à cet âge, en proportion de l'investissement affectif qui aura fait naître la relation. Ces histoires d'enfants ne sont pas à prendre à la légère, et une brouille qui s'installe durablement ne doit pas être sous-estimée.

Les amis c'est pour la vie

La maman de Julie, 9 ans, s'est plainte en consultation que sa fille, avec qui elle était très complice, s'était soudainement détachée d'elle.

« On se disait tout et un beau jour, plus rien. À peine quelques réponses laconiques aux questions que je lui pose. J'ai peur qu'elle commence précocement sa crise d'adolescence. »

Julie, qui est une enfant équilibrée et bien dans sa peau, se trouve également être une filleule qui m'est très attachée. Elle m'a confié ce qui, pour elle, a favorisé ce changement relationnel :

« On s'est disputées avec Marie, ma meilleure amie, et elle n'a plus voulu me parler. Quand j'en ai parlé à maman, elle m'a dit :

– Tu t'en feras d'autres, une copine de perdue, dix de retrouvées.

C'était dit gentiment et je sais que c'était pour me consoler. Mais des copines comme Marie il n'en existe qu'une, et maman ne l'a pas compris… »

L'avis du psy

Il est essentiel de réconforter l'enfant qui rencontre des moments difficiles dans sa vie affective. Il est délicat de le faire avec des paroles qui peuvent, bien involontairement, lui donner l'impression que le parent minimise ce que lui

ressent comme intense ou primordial, ou pire, qu'il ne le comprend pas. On l'aidera davantage en l'encourageant à parler de ce qu'il éprouve, en se tenant à son écoute, plutôt qu'en lui disant : »Ce n'est pas grave ! » C'est une belle façon de lui montrer que nous le comprenons en acquiesçant à ses remarques et en l'amenant progressivement à trouver lui-même ses propres réponses. On pourrait demander à Julie, par exemple, ce qui fait que Marie est sa meilleure amie, les qualités qu'elle apprécie, les jeux qu'elles font ensemble, les conversations qu'elles ont… Et progressivement lui demander s'il existe d'autres jeux qu'elle aimerait découvrir, ou s'il se trouve dans sa classe une autre fille qui a d'autres talents qui la séduisent. Enfin, parlez-lui de vous : l'enfant, à cet âge de tous les apprentissages, se nourrit d'exemples. Il accueillera avec beaucoup d'intérêt le récit que vous lui ferez de vos propres aventures, comment vous avez reconquis l'amitié de tel(le) camarade ou, plus généralement, comment vous vous êtes sorti(e) d'une situation délicate.

2

Le corps a ses raisons…

L'enfant en bonne santé et l'enfant malade

Mens sana in corpore sano.
(La santé, c'est un esprit sain dans un corps sain.)
Homère, cité par Juvénal,
Satires, X, 356

L'enfant en période de latence connaît une accalmie qui touche aussi bien son état psychologique que sa santé physique. La croissance rapide et les transformations importantes, observées dans les premières années de la vie notamment, se sont ralenties. Entre 6 et 12 ans, l'enfant continue de grandir, mais à un rythme différent qui passe presque inaperçu. De même, le temps des infections à répétition, de la sphère ORL notamment, des vaccinations et autres obligations est loin. Tout semble donc beaucoup plus serein.

Il faut cependant rester vigilant. Ce calme apparent et l'autonomisation dont les enfants font preuve à l'âge de raison conduisent les parents à se détacher ou à perdre le contrôle de l'état de santé de l'enfant, en dehors bien évidemment des périodes de maladies occasionnelles. Or, nous entrons dans une période de maturation qui requiert elle aussi toute notre attention. À l'image du bourgeon qui se développe sous l'œil du jardinier, la plante sera d'autant plus belle qu'elle aura reçu tout ce dont elle a besoin.

Cette maturation se fait au cours d'une période de changements auxquels l'enfant doit faire face : changement de rythme de vie avec l'école et les activités parascolaires, modification de régime alimentaire (notamment avec l'inscription à la cantine), mise à l'épreuve du corps avec de nouvelles occupations… L'évolution, qui touche aussi la sphère psychoaffective, voit sa traduction somatique dans l'installation d'une relation au corps différente, plus détachée, où les stimulations d'ordre sexuel (tournées vers soi) très présentes en période périœdipienne sont relayées par des préoccupations davantage tournées vers les sensations : c'est la (re)découverte du corps en relation avec ce qui l'entoure, le monde et les autres.

Que dit la loi

Une loi réformant la protection de l'enfance a été promulguée au Journal officiel du 6 mars 2007. « Au cours de leurs sixième, neuvième, douzième et quinzième années, tous les enfants sont obligatoirement soumis à une visite médicale pendant laquelle un bilan de leur état de santé physique et psychologique est réalisé. Ces visites ne donnent pas lieu à une contribution pécuniaire de la part des familles. »

« À l'occasion de la visite de la sixième année, un dépistage des troubles spécifiques du langage et de l'apprentissage est organisé. Les médecins de l'Éducation nationale travaillent en lien avec l'équipe éducative, les professionnels de santé et les parents, afin que, pour chaque enfant, une prise en charge et un suivi adaptés soient réalisés suite à ces visites. » (article L. 541-1).

Cette loi souligne l'importance de la vigilance et de la prévention, nécessaires à l'âge de raison.

La croissance

Les courbes de croissance, comme celles présentes dans le carnet de santé, donnent un aperçu de l'évolution que suivent le poids et la taille de l'enfant au cours de ces années. Elles ne doivent pas faire oublier que les différences individuelles sont innombrables. Parallèlement, la croissance ne concerne pas que ces données quantitatives. Elle touche le développement moteur et psychoaffectif de l'enfant. Établir des stades de développement permet de faire le point sur l'évolution de ce dernier, mais ne constitue pas une norme à laquelle chaque enfant doit souscrire impérativement à un âge donné, sous peine d'être taxé d'immaturité ou de précocité.
Nous proposons des repères utiles afin d'envisager l'enfant dans une dynamique évolutive. La carte n'est pas le chemin. Lorsque nous effectuons un voyage, le paysage, selon la saison, l'heure, n'est jamais exactement identique même si nous empruntons la même route.

Une évolution continue

Les changements qui surviennent pendant les années qui s'écoulent entre 5 et 10 ans sont moins considérables qu'au cours de la petite enfance. Ils n'en demeurent pas moins importants : l'enfant prend plusieurs centimètres, il perd le visage poupin du grand bébé pour une figure d'enfant : ses traits s'affinent – le visage et le front en particulier s'allongent, l'espace entre les yeux se réduit.
Cette croissance en continu, sans à-coups, pourrait passer inaperçue, si elle n'était soulignée par les anniversaires de l'enfant ou la visite espacée de parents ou d'amis, qui ne peuvent s'empêcher de s'exclamer en le voyant : « Qu'est-ce

qu'il/elle a changé depuis la dernière fois qu'on l'a vu(e) ! » D'autres éléments plus objectifs cependant peuvent confirmer le processus.

Maturité physiologique La taille et les modifications morphologiques ne sont qu'un aspect de l'évolution en marche. Elles sous-tendent de nouvelles possibilités. Le corps, plus grand, plus habile, peut accomplir des choses inédites, en accord avec les demandes stimulées par son évolution psychique et affective.

La maturité est une notion évolutive. À chaque étape du développement, elle sera fonction de l'adéquation entre l'âge chronologique de l'enfant et le niveau d'évolution d'une compétence donnée (mentale, affective, motrice…) tel qu'on est en droit de l'attendre pour un enfant du même âge évoluant dans le même contexte socio-culturel et historique. On parle ainsi de maturité affective, de maturité intellectuelle ou motrice, et on sait qu'elle est différente entre un petit garçon américain né en 1850 et une petite fille irlandaise vivant dans les années 2000. Les expériences, fructueuses ou non, que fait l'enfant participent à cette maturation ; elles s'effectuent dans un contexte particulier, qui tient compte du pays, de la ville où il habite, de la famille, de l'école qu'il fréquente et des personnes avec lesquelles il se trouve en interaction.

Maturité motrice Entre 5 et 6 ans, l'enfant acquiert plus de stabilité. Il est plus posé et reste plus facilement en place, en classe notamment, où il lui est demandé d'être assis et attentif plusieurs heures, d'affilée comme à la maison, et dans sa chambre en particulier, où il peut se passionner pour un même jeu pendant de longs moments. Le meilleur contrôle moteur dont il fait preuve lui donne plus d'aisance et l'envie de découvrir de nouvelles sensations. C'est ce qu'il expérimente au moment où il se lance dans l'apprentissage de la planche à roulettes, lorsqu'il joue à la corde à sauter, ou simplement quand il escalade les meubles de la maison. C'est d'ailleurs la période où le tricycle est remplacé par un vélo. Sa préhension, également, est meilleure, et, d'une façon générale, la motricité fine de ses doigts se perfectionne. Ce n'est plus seulement avec les bras qu'il attrape la balle qu'on lui lance, qu'il la renvoie ou la fait rebondir, mais avec les mains. La construction de cabanes illustre bien la concordance de ces différentes aptitudes : l'enfant détourne de leur fonction habituelle meubles et objets qu'il déplace et agence de façon nouvelle, et crée des espaces originaux sur lesquels il grimpe ou dans lesquels il se cache.

C'est donc une période propice pour l'inscrire à de nouvelles activités physiques ou artistiques. Il n'est pas rare d'ailleurs que, vers 7 ans, il en fasse lui-même la demande. À cet âge, le besoin de varier les activités s'affirme. Il touche à la fois à la nature même de l'occupation, à sa dynamique, et au comportement qui lui est associé. Il aura envie d'alterner des jeux calmes et d'autres plus toniques, des périodes d'agitation et des phases d'inactivité. Parallèlement, le désir de bien faire le rend plus prudent, notamment en ce qui concerne les jeux violents ; il a le souci d'être précis dans ses tirs, d'ajuster sa force, d'avoir le bon geste.

Les expériences favorables stimulent son envie d'en faire toujours plus. L'enfant de 9 ans est capable de s'investir à fond dans le jeu ou le travail, au point d'avoir parfois du mal à évaluer ses limites : il ne va s'arrêter de jouer qu'au bord de l'épuisement, ou quand on le lui aura enjoint à plusieurs reprises.

L'intérêt de l'enfant pour les jeux d'équipe, la compétition, va croissant, de même que tout ce qui favorise l'évaluation de ses compétences sur un mode ludique et stimulant. Cette progression trouve son équilibre vers 10 ans.

L'enfant atteint alors un âge central de son évolution. C'est une période de stabilité qui permet un meilleur ancrage des acquis des années précédentes. La fin d'un cycle s'annonce, et avec elle se dessine une nouvelle période de transition.

La prépuberté

L'amorce de la puberté met fin à la période de latence. Mais le passage d'un âge à un autre ne se fait pas de façon abrupte. La prépuberté correspond à cette période de transition. Elle commence un à deux ans plus tôt environ, à l'annonce des premières modifications physiologiques et psychologiques. Le point de départ est sans doute l'activation hormonale. Cette alchimie pubertaire s'installe de façon encore chaotique, comme en attestent l'écart entre l'apparition des premiers poils, ou du duvet sur les lèvres, et la poursuite du développement des caractères sexuels secondaires, la poussée des seins ou la mue de la voix, par exemple. Les fluctuations de l'humeur se traduisent par des phases d'opposition qui alternent avec des demandes de câlins dignes du bébé le plus tendre.

Les soins du quotidien

Ce corps qui grandit requiert en parallèle des soins qui évoluent. Leur nature reste la même : il s'agit d'entretenir et de protéger sa santé, d'en permettre le fonctionnement harmonieux. Cependant, il n'est plus seulement question de propreté ou d'hygiène dont les parents seraient les seuls garants. Ces derniers doivent passer le relais, l'enfant devient responsable de lui-même et de ce corps dont il a hérité à sa naissance. Il lui appartient maintenant de se l'approprier et de poser sur lui un regard nouveau. Cela se traduit par l'attention portée à sa coiffure, au choix de ses vêtements. Mais il faudra encore souvent rouspéter pour qu'il se brosse les dents ou choisisse le vêtement adapté à la météo du jour.

La toilette et la pudeur À partir de 6 ans, l'enfant peut se laver tout seul. Son développement psychomoteur lui confère la dextérité suffisante pour le faire, et les principes éducatifs qu'il a reçus lui permettent d'en comprendre l'utilité. Mais bien souvent, les impératifs de la vie quotidienne retardent cette étape : le matin, il faut se dépêcher pour être à l'heure à l'école, et, s'il n'y a qu'une scule salle de bains et plusieurs enfants, une organisation de chef de gare est de mise pour que chacun y accède à tour de rôle. Le temps manque pour celui qui commence à se débrouiller seul mais n'est pas encore suffisamment efficace.

Vers 7 ans, certains enfants vont demander spontanément à se laver seul, parfois directement, parfois en fermant pudiquement la porte de la salle de bains lorsque quelqu'un s'en approche. C'est l'âge où la pudeur se développe, il est important de la respecter. Elle s'exprime dans ses comportements (il est gêné qu'on le regarde, il se détourne ou cache de sa main les parties intimes de son corps) ou dans son discours (« arrête de me regarder comme ça ! »). Mais il est également mal à l'aise devant la nudité d'autrui, celle de ses parents en particulier. La baisse des comportements sexués que nous avions évoquée précédemment va de pair avec le refoulement des pulsions qui les sous-tendent, et tout ce qui pourrait les réveiller est, dans le même mouvement, mis à l'écart. L'éducation, l'intégration des règles sociales et des interdits participent à la mise au repos de ces mouvements pulsionnels. Il est important que l'adulte, par ses propos ou ses attitudes, n'envoie pas de messages contradictoires.

Il n'y a donc pas d'inquiétude à avoir si la toilette ne nous semble pas assez bien faite, il la fera mieux la prochaine fois. Et l'on peut tout à fait attendre le bain du week-end pour qu'il puisse la parfaire quand il aura plus de temps. Paradoxalement, c'est souvent un excès d'exigence qui favorise un moindre effort et des tensions inutiles. Tout se passe comme si l'enfant avait l'impression que quoi qu'il fasse, on lui trouvera toujours un coin de peau insuffisamment récuré, alors à quoi bon se décarcasser… De son côté, la mère trouve peut-être là un réconfort ambivalent à constater que son enfant n'est pas encore apte à se passer de ses services.

Cela n'empêche pas, bien sûr, les aides ponctuelles pour les soins plus délicats, comme se couper les ongles des mains ou se laver les cheveux, surtout lorsqu'ils sont longs. Ces moments peuvent être l'occasion de conseils qui accompagneront et stimuleront la possibilité pour l'enfant de faire seul plus tard. La tendresse non plus n'est pas exclue. Un câlin, au moment où l'enfant est enroulé dans une serviette moelleuse, ou une fois qu'il a enfilé son pyjama, peut être un moment agréable dans le rituel qui précède le coucher.

Chez les plus grands (9, 10 ans), même si l'autonomie s'accompagne d'une certaine indépendance, il peut parfois être encore nécessaire de leur rappeler que c'est l'heure d'aller se brosser les dents. Ils apprécient la présence d'un parent à leur côté, dans ces instants de complicité.

L'exemple des dents Le brossage des dents peut facilement devenir une source de conflits alors qu'il est fondamental pour la bonne santé de l'enfant.

On évitera bien des tensions en l'instaurant très précocement dans les habitudes des plus jeunes, comme un rituel avant d'aller se coucher. L'utilisation de dentifrice pour enfant, aux goûts amusants (fraise ou chewing-gum), d'une brosse à l'effigie de son héros de dessin animé préféré, ou simplement choisie par lui, sont de bons moyens pour obtenir plus facilement son adhésion. L'exemple, là encore, est la meilleure solution. Se brosser les dents ensemble devant le miroir de la salle de bains rend le moment drôle et agréable et permet à la fois au parent d'indiquer comment procéder correctement.

L'âge de raison est encore l'âge des dents de lait, ou, plus précisément, celui de leur chute. Il est cependant important d'y faire attention, et éventuellement de les soigner, afin d'éviter la douleur, et, en premier lieu, celle que peut provoquer une carie. Et puis tous les dentistes vous le diront : l'atteinte de ces premières dents (infections, caries, chute, extraction) peut avoir de lourdes répercussions sur les dents définitives.

Dents dedans et dents dehors

Les dents définitives sont présentes, en germes, dès la naissance dans la gencive. Elles s'y développent et érodent progressivement et sans aucune douleur les petites racines des dents de lait. Ces dernières vont se mettre à bouger, puis tomber, et laisser émerger les dents définitives. La chute des dents de lait se fait dans un ordre identique pour tous les enfants. Les incisives médianes tombent les premières, le plus souvent à partir de 6 ans. Les incisives latérales, les premières molaires, les canines et enfin les deuxièmes molaires leur

succèdent dans cet ordre. Les dents définitives sont pour une grande majorité en place vers 12 ans.

En cas de chute d'une dent de lait (ou d'extraction, si elle est très abîmée par exemple), les espaces interdentaires se referment et l'os de la mâchoire se reminéralise. La dent définitive devra alors se frayer un chemin dans des conditions douloureuses. De plus, les dents temporaires jouent un rôle déterminant dans l'équilibre et la croissance des maxillaires.

Une visite régulière chez un dentiste, éventuellement spécialisé dans les soins aux enfants ou ayant au moins une approche adaptée, est nécessaire. Elle permet une prévention et familiarise l'enfant avec le spécialiste. Ainsi préparé, il redoutera moins d'y retourner en cas de besoin.

Habillement et image de soi Savoir (bien) s'habiller met en jeu plusieurs compétences: les capacités motrices, bien sûr, puisqu'il faut maîtriser ses mouvements et leur coordination pour enfiler un habit sans l'abîmer, ni se coincer la tête, sans se tromper de sens, ni confondre l'endroit avec l'envers... Mais cela demande également une certaine prise de conscience des différentes missions du vêtement: la dimension fonctionnelle (comme protéger du froid), le rôle esthétique, social... Certains habits ont des noms génériques suffisamment éloquents (linge de corps, vêtement de pluie...) et il ne faut pas hésiter à les nommer pour aider l'enfant dans cette compréhension. Enfin, celui-ci doit tenir (plus ou moins) compte de l'approbation sociale: il n'est pas toujours facile d'intégrer, par exemple, que l'on ne peut pas aller à l'école quotidiennement en costume de majorette...

Aussi, à 6, 7 ans, même s'il sait enfiler seul la plupart de ses effets, il a encore besoin qu'on lui prépare ce qu'il doit mettre la veille pour le lendemain, ou, en tout cas, qu'on l'aide à choisir les vêtements les mieux adaptés au temps ou à l'occasion. Pour le déshabillage, il n'a pas encore pris l'habitude de ranger ses affaires sur une chaise et ne sait pas sélectionner celles destinées à la corbeille de linge sale : il jette les habits dans la pièce ou les laisse traîner sur le sol à l'endroit où il vient de se dévêtir. Ce n'est pas forcément de la négligence, l'intérêt porté au vêtement est encore très limité. Ce qui va retenir son attention est davantage le lien qu'il va établir entre son aspect et sa fonction, ainsi, l'enfant affectionnera tout particulièrement telles chaussures de sport « parce qu'elles le font courir vite » ou telle robe qui « tourne bien au vent » et lui apporte la grâce.

Progressivement, et au fur et à mesure que les différences individuelles et de sexe se font plus marquées, l'enfant investit le vêtement de sa fonction sociale et d'affiliation au groupe. L'augmentation du temps scolaire contribue pour beaucoup au phénomène. Le style devient important, sans doute plus que la marque (alors qu'elle sera décisive à l'adolescence). Les désaccords entre le choix de l'enfant et celui du parent sont plus fréquents car les goûts se modifient sous le joug d'un désir de conformité.

Les nets progrès dont font preuve les enfants de 8, 10 ans – dans l'aptitude à choisir leurs vêtements, à en prendre soin, à être vigilants quant à leur propreté, ou à sélectionner les plus adaptés – sont tout à la fois les résultats de l'éducation et ceux de la prise de conscience d'être responsable de l'image que l'on donne et que les autres reçoivent de soi.

Ces années sont donc fondamentales pour que l'enfant apprenne à soigner ce corps avec lequel il va vivre toute sa vie. Il s'agit de lui montrer comment le mettre en valeur, comment en prendre soin, comment le protéger. On soulignera à ce titre que personne d'autre que lui n'a le droit d'y toucher sans son accord. Ce n'est pas tant que ce corps lui appartient comme une chose dont il pourrait disposer comme il l'entend et en faire n'importe quoi, sous prétexte que c'est le sien – cette nuance est fondamentale car il pourrait, notamment à l'adolescence où il ressent parfois un mal-être, trouver dans ce corps un moyen d'expression, et le malmener. – mais c'est que ce corps est précieux, car il n'en a qu'un.

Les facteurs de bonne santé

Il faut donc apprendre à entretenir ce corps et à en prendre soin. Et cela en respectant, en premier lieu, ses besoins élémentaires. Le sommeil et l'alimentation sont les premiers concernés. De même, chaque activité qui stimule ou nuit au bon développement du corps est aussi à prendre en considération. Or, l'enfant gagne en grandissant une autonomie qu'il peut exercer dans la gestion de ces besoins. Il ne se laisse plus seulement aller à ce qu'il ressent physiquement comme se coucher spontanément quand il tombe de fatigue ou manger ce qu'on lui propose pour assouvir sa faim. Ses goûts s'affinent, aussi, il devient dans le même temps plus exigeant sur ce qu'il désire ou non manger, dans une période où, justement, ses parents ne sont plus les seuls à décider des menus. Qu'il s'agisse des déjeuners à la cantine scolaire, des repas pris chez les grands-parents ou au centre de loisirs, il lui faut apprendre à gérer de nouvelles contraintes, entre le nécessaire et l'agréable. Ainsi, pour continuer son jeu sur l'ordinateur, il résiste à la fermeture de ses paupières pour ne pas manquer à la télévision la fin de sa série préférée, sans présager de l'impact que cela pourra avoir sur lui-même.

Le sommeil

La quantité de sommeil nécessaire à l'enfant diminue au cours de son évolution. Cela est dû en grande partie à la maturation de son système nerveux, de son cerveau en particulier.

ÉVOLUTION DE LA DURÉE DU SOMMEIL CHEZ L'ENFANT (VALEUR MOYENNE)

Âge	Durée du sommeil par 24 heures	Répartition sur 24 heures
• Nouveau-né	• 16-17 heures	• Fractions de 3 heures sur tout le nycthémère
• 3 mois	•15 heures	• Fractions de 7 heures prioritairement la nuit
• 1 an	•13 heures	• Siestes et nuit
• De 3 à 5 ans	•12 h 30	• Arrêt de la sieste vers 4 ans
• De 6 à 12 ans	•9 à 10 heures	•Nuit
• De 13 à 15 ans	•De 9 à 8 heures	•Nuit

À partir de six ans, l'enfant a besoin en moyenne de neuf à dix heures de sommeil par nuit. Et les siestes ne sont plus de mise. Il existe cependant des variations importantes d'un enfant à l'autre, et on constate qu'il y a des grands et des petits dormeurs. Ce qui importe surtout est la qualité de ce sommeil, qui sera, de fait, plus ou moins réparateur. L'état général est un bon indicateur de la qualité de son sommeil. Un enfant qui est en bonne forme physique, grandit bien, fait de bons apprentissages scolaires est un enfant qui dort bien. De même qu'un enfant qui dort beaucoup (ou peu selon le cas) par rapport aux normes que l'on vient de préciser, et qui, cependant, a un bon éveil psychomoteur, un bon contact avec son entourage, une vigilance et une concentration adaptées aux devoirs qu'il fait en classe, ne doit pas nous inquiéter. En revanche, un enfant qui s'endort sur son pupitre, qui est souvent malade, de mauvaise humeur, irritable ou en piètre santé est peut-être un enfant qui n'a pas son compte d'heures de repos.

Force est de constater qu'aujourd'hui, globalement, les enfants dorment moins qu'avant, car la durée de leur sommeil a été amputée. Plusieurs facteurs sont en cause : le retour tardif des parents qui repousse l'heure du dîner et de la toilette du soir, la télévision que les enfants regardent davantage, et notamment le soir avec leurs parents. Certains l'ont même dans leur chambre et ont de ce fait plus de mal encore à l'éteindre pour se coucher.

Rappelons l'importance d'un bon sommeil. Il favorise la croissance physique (car c'est durant la nuit qu'est sécrétée la GH [Growth Hormon] qui est l'hormone de croissance) ; il permet la mémorisation des événements qui forgent les souvenirs, ou les apprentissages, et notamment la fixation des acquis scolaires. Sur le plan affectif, il joue un rôle important dans la gestion des émotions, qui vont être régulées en partie par les rêves, et, donc, entre autres, dans la diminution des angoisses.

Enfin, le sommeil ne correspond pas seulement à un besoin physique. Il a une fonction relationnelle essentielle qui repose beaucoup sur la façon dont il est accompagné par les parents. Dans cet espace de déconnexion avec le réel, l'enfant a besoin de sentir que ses parents veillent sur lui.

Les rituels du coucher Le coucher est un moment important d'accompagnement et d'échange avec l'enfant. Les rituels adoptés permettent d'établir un espace de transition, calme et paisible, entre l'agitation de fin de soirée et le moment où l'on va enfin s'endormir, qui nécessite apaisement et sérénité.

Sombrer dans le sommeil suppose d'être suffisamment en confiance pour lâcher prise vers l'inconnu. Ils ont aussi pour fonction de contribuer à rendre ces instants agréables afin que l'enfant ait toujours envie d'aller au lit.

Les rituels du coucher évoluent en même temps que l'enfant grandit. La plus courante des habitudes est l'histoire que l'on raconte pour l'aider à s'endormir.

L'histoire du soir évolue dans sa présentation. Jusqu'à 6 ou 7 ans, l'enfant garde un plaisir intact à écouter ces contes pour dormir. Cependant, plutôt que de lui en faire simplement le récit, on préférera l'associer à la lecture, afin qu'il puisse mettre à profit, de façon agréable (et sans avoir l'impression de faire des devoirs !) ce qu'il apprend à l'école.

À 8 ans, l'enfant a tendance à différer le moment du coucher, sans s'y opposer véritablement pour autant. Le développement de l'autonomie participe à ce phénomène associé à l'expression d'une volonté de maîtrise qui peut se manifester par rapport au sommeil. Il aime moins les histoires, surtout celles « pour les bébés », et préfère les récits d'aventures. On lui proposera donc plutôt de choisir ses livres et de les lire lui-même dans son lit, ou d'observer un temps calme dans sa chambre avant l'extinction des lumières.

L'enfant de 10 ans se rebelle davantage, mais c'est moins contre le sommeil que contre les ordres de ses parents. Dans ce cas, il est conseillé de lui laisser organiser son coucher comme il l'entend, à partir de règles simples : ses choix doivent porter sur des activités calmes, dans sa chambre, et jusqu'à une heure que l'on aura définie ensemble. On conseillera d'éteindre tous les écrans (d'ordinateur comme de télévision).

Actuellement, la télévision tend malheureusement à remplacer l'histoire du soir chez des enfants de plus en plus jeunes. Le plaisir immédiat qu'elle procure aux enfants, comme la liberté qu'elle accorde aux parents, sont quelques-unes des raisons qui permettent de comprendre que fleurît cette boîte à images dans de nombreuses chambres d'enfants. Cependant, les stimulations visuelles, sonores et émotionnelles qu'elle provoque sont peu propices au calme et à l'endormissement. Ce n'est pas grâce à ses prétendues vertus hypnotiques que l'enfant s'endort, mais plutôt d'épuisement. Et, en cas de réveils nocturnes, il risque de l'allumer et de voir des programmes qui ne sont pas adaptés à son âge. Enfin, la télévision n'a pas la chaleur des bras ni de la voix rassurante de maman. Comme il est très dur de la retirer une fois qu'elle a élu domicile dans la chambre de l'enfant, il est préférable de ne pas l'y installer. On préviendra ainsi bien des difficultés ultérieures.

Rêves et cauchemars

Le contenu des rêves évolue avec l'âge. C'est le fait des expériences concrètes que vit l'enfant dans son quotidien et dont certains aspects ressurgissent dans son sommeil. C'est aussi en lien avec son niveau d'évolution affectif et psychologique.

• À 6 ans, les cauchemars sont plus rares, même si tous les rêves ne sont pas forcément amusants. Les thèmes sont moins animaliers que lorsqu'il était plus petit (à 4 ou 5 ans): il rêve moins de serpents (image œdipienne par excellence), les lions et autres ours viennent moins souvent peupler l'espace de ses nuits. Ils laissent la place à des animaux domestiques, et les rêves n'en sont que plus agréables. Fantômes, squelettes, anges sont les autres acteurs de ces fables nocturnes ; les êtres humains aussi se font plus présents: ils font partie de l'entourage de l'enfant (frères et sœurs, parents, copains de classe) pris dans des événements du quotidien, ou sont parfois

étrangers, comme, pour la petite fille, un homme méchant qui tente d'entrer dans sa chambre.

Lorsque l'enfant est réveillé par un cauchemar, le lit des parents est encore bien souvent le meilleur refuge. L'enfant raconte encore volontiers son rêve.

• Après 7/8 ans, l'enfant lui-même devient le personnage central de ses rêves: il vit des expériences originales, vole, nage, plane dans les airs; les événements du quotidien ont toujours une place, mais les récits entendus çà et là (lectures, cinéma, informations télévisuelles) ont également une influence. L'enfant raconte moins volontiers ses rêves, il s'en souvient moins facilement, ce qui lui donne l'impression de ne plus rêver.

Les rêves d'expériences sensorielles (où il vole, plane dans les airs ou explore le fond des mers...) se poursuivent après 9, 10 ans. L'enfant reste le sujet principal, mais, avec la résurgence des rêves horribles et des cauchemars, il peut en devenir cette fois, avec ses proches, la victime. Enfin, le contenu onirique peut mettre en scène des événements naturels comme les orages ou les déluges, qui leur confèrent une charge émotionnelle forte.

• Après 10 ou 11 ans, le plaisir de raconter ses rêves revient, essentiellement dans les échanges entre camarades, car c'est la période où l'enfant leur accorde une valeur prédictive.

Quelques éléments d'interprétation

Les rêves à contenus œdipiens cèdent le pas à des sources en lien avec des préoccupations davantage centrées sur l'enfant lui-même. Les angoisses archaïques (qui se traduisaient symboliquement dans les rêves par des images d'animaux dévorants) sont relayées par des préoccupations concernant ses potentialités (animaux tout-puissants). L'enfant qui se sent exister pour et par lui-même devient le centre de ces récits oniriques, et expérimente de nouveaux registres sensoriels avec un corps désexualisé. Le retour des cauchemars après 11 ans annonce avec le réveil des pulsions* sexuelles, celui de nouvelles angoisses à l'approche de l'adolescence.

L'alimentation

L'alimentation est un élément capital pendant l'enfance : elle constitue un facteur essentiel pour une croissance harmonieuse. Les parents en sont les premiers responsables puisqu'il leur incombe, jusqu'à ce que l'enfant puisse y subvenir seul, de répondre à ses besoins qui ne sont pas uniquement physiques. Le repas a également une fonction sociale et d'échange. Et l'enfant joue un rôle actif dans la façon dont il se nourrit. Si l'on ne considère que la capacité à s'alimenter, on peut affirmer qu'à 6 ans, un enfant sait manger tout seul. Il sait reconnaître la sensation de faim, la distinguer par exemple d'une douleur abdominale, évaluer l'heure du repas, ou celui-ci terminé, apprécier la sensation de satiété. Il a assez d'habileté pour porter les aliments à sa bouche, les mâcher suffisamment avant de les avaler. Mais cette dextérité n'est pas toujours satisfaisante pour couper sa viande ou piquer de la fourchette le morceau récalcitrant. Il est encore parfois nécessaire de lui rappeler de fermer la bouche quand il mange, ou d'accompagner ses demandes d'un « s'il te/vous plaît ». Enfin, s'il ne tenait qu'à lui, il se satisferait volontiers d'un jambon-purée-flan-au-chocolat tous les jours. En bref, c'est la manière dont il s'alimente, la possibilité de diversifier sa nourriture, la correction avec laquelle il se tient à table et les raisons de ces conventions qu'il lui reste encore à comprendre et à parfaire.

Les besoins alimentaires Différents organismes, dont l'OMS (Organisation mondiale de la santé) ont étudié les besoins alimentaires des enfants et établi des recommandations pour les apports nutritionnels. Elles varient en fonction des pays, de l'activité des enfants, de l'importance de la sédentarité et, dans les pays industrialisés, du risque accru d'obésité. Ces besoins sont évolutifs selon l'âge de l'enfant et diffèrent bien sûr de ceux de l'adulte. Entre 1 500 et 1 900 calories lui sont nécessaires, avec le concours des trois principaux nutriments, lipides, glucides et protéines. La répartition des apports se fait principalement en trois fois sur la journée, avec une priorité donnée aux deux premiers repas (petit déjeuner et déjeuner) qui doivent représenter 65 à 70 % de l'apport journalier. Un dîner « léger » est préférable, il favorise, par une digestion facilitée, un meilleur sommeil. Or, comme il correspond, pour de nombreuses familles, au moment de la journée où tout le monde se retrouve et peut échanger, il devient souvent le repas le plus important. Parallèlement, des apports supplémentaires peuvent venir en complément dans la journée. En effet, l'enfant dont les réserves en glucides sont encore limitées a besoin de se nourrir à intervalles rapprochés. Les goûters remplissent cette fonction, à la récréation de dix heures le matin et au retour de l'école l'après-midi, et se justifient d'autant plus que l'enfant déjeune peu le matin ou picore à la cantine.

Car il n'est pas rare qu'entre 6 et 10 ans, il se contente d'un petit déjeuner plus que frugal. L'absence de faim est la première raison invoquée. Elle dépend de plusieurs facteurs : l'agitation du matin quand il faut tout faire vite pour ne pas arriver en retard à l'école, le peu de temps que cela lui laisse pour choisir et déguster ce dont il aurait envie, le font souvent renoncer à bien manger. Le dîner de la veille, parfois trop copieux, peut lui aussi avoir une influence. Or, le petit déjeuner fournit l'essentiel de l'énergie dont il a besoin pour être concentré en classe. Un certain nombre d'enfants manifestent une baisse d'attention, une fatigue (qui peut parfois se traduire par de l'agitation) en fin de matinée parce qu'ils n'ont pas leur compte nutritionnel.

Repas et codes sociaux

La fonction relationnelle du repas doit rester essentielle. C'est un temps où la famille se trouve réunie, où chacun peut faire part de ses aventures de la journée. Cela justifie d'exiger que chacun se conforme aux règles de bienséance, cela ne signifie pas que les parents accordent une importance exagérée à ces fameuses bonnes manières, au risque de faire régner une tension excessive.

Comment éviter le gaspillage de nourriture ?

La meilleure façon de l'éviter est de donner des petites portions à l'enfant, quitte à le resservir après. Et si nous voulons lui communiquer le respect de la nourriture dans ce souci d'éviter le gaspillage, cela n'a pas de sens de le forcer à finir son assiette s'il n'a plus faim. En effet, dans l'esprit rationnel de l'enfant, manger sans plaisir et sans faim revient de toute façon à jeter la nourriture…

C'est la répétition des consignes, adaptées à chacun selon son âge, et l'exemple que l'on donne qui permettent l'apprentissage des conduites sociales et de la bienséance. L'amélioration vient avec le temps, plus qu'avec les punitions. Les tensions psychologiques, les exigences excessives renforcent les attitudes mal adaptées et favorisent les troubles alimentaires secondaires.

Éviter les rapports de force Si l'enfant n'a pas faim, il mangera plus tard. En dehors de périodes de maladie, il n'y a pas lieu de s'inquiéter. L'enfant en bonne santé ne se laisse pas mourir de faim. Cependant, il peut parfois être judicieux de distinguer la faim de l'envie : face à un plat qu'il ne connaît pas ou qu'il n'aime pas, en prévision d'un dessert qu'il voudrait dévorer immédiatement, il peut y avoir méprise. Pour éviter cela, faisons-lui préciser sa pensée : « Tu n'as vraiment plus faim ou tu as envie d'autre chose ? » On insistera pour qu'il goûte au moins les plats nouveaux, pour voir s'il les apprécie ou pas, comme on pourra lui proposer une entrée (qu'il aime) à la place d'une autre si cela peut se faire, en restant vigilant et en respectant ce qu'il ressent (après tout, il est quand même le mieux placé pour évaluer sa satiété). Il est important de ne pas instaurer un rapport de force autour de la nourriture, cela peut développer chez l'enfant une hantise des repas qui risque de perturber son rapport à la nourriture, ou de favoriser des crises ultérieures aux prochains déjeuners.

Comment lui faire goûter de tout ?

Même si spontanément les 6-11 ans préfèrent les plats faciles à avaler, pâtes, frites et autres purée et pizza (à base de féculents) leur goût de la découverte initié à l'école se porte aussi sur les plats nouveaux et exotiques. Profitons-en ! Varions les menus ! On gagnera également à associer l'enfant au choix des plats ou à leur préparation. Cela permet à la fois de lui donner l'envie de découvrir, de l'impliquer, de suivre l'évolution de ses goûts et de son appétit. Cela limitera les conflits : il acceptera plus facilement de manger ce qui aura été choisi avec lui et vous serez moins tenté de le forcer à finir son assiette si vous savez qu'il est repu.

L'exercice physique

Les activités sportives sont tout aussi indispensables qu'une bonne alimentation ou un sommeil de qualité, pour une bonne hygiène physique et un développement harmonieux de l'enfant. L'exercice physique contribue à réguler les tensions nerveuses et émotionnelles que l'enfant accumule dans une journée. Il propose un terrain d'expression où l'enfant peut courir, sauter, contracter et détendre ses muscles, mais aussi crier, rire, se sentir contrarié ou puissant pour des raisons qu'il peut comprendre et gérer. En revanche, lorsqu'elle n'est pas évacuée, cette énergie physique et psychique peut avoir tendance à s'accumuler et favoriser, chez l'enfant, énervement, irritabilité qui peuvent nuire à sa concentration en classe, à ses relations avec les autres, enfants ou adultes, en le rendant agité ou instable, ou même perturber son sommeil.

Le sport est un complément nécessaire aux instants de récréation, trop courts pour servir d'exutoire aux temps de classe, qui demandent attention et immobilité, et insuffisamment structurés pour être toujours constructifs. Le sport en revanche propose un cadre et des règles que l'enfant apprend à respecter pour profiter pleinement du jeu. Que ce soit par le truchement de ceintures qui changent de couleur, par l'apprentissage de pas de danse plus difficiles et plus gracieux, par le rôle joué et la place occupée dans le match gagné, l'enfant peut apprécier sa propre évolution et montrer aux autres ses capacités. La réussite est sa propre récompense, et vice versa. C'est là un excellent stimulant de la volonté, et du désir de faire.

Enfin, la pratique régulière d'un sport a un impact physiologique important sur le physique même de l'enfant. La stimulation des groupes musculaires, les tractions qu'ils vont exercer sur les tendons et les structures osseuses, favorisent l'allongement de ces dernières. Couplée à l'influence qu'a un bon sommeil, et qu'elle contribue à rendre meilleur, elle joue un rôle majeur sur la croissance.

Que penser du « sport en boîte » (sur console de jeux) ?

Aujourd'hui, presque neuf foyers sur dix sont équipés d'un ordinateur, et d'une console de jeux. Parfois, plusieurs consoles sont utilisées dans une même famille. L'enfant qui y joue peut avoir l'impression de se défouler suffisamment. En fait, l'expression des tensions n'est que très limitée, concentrée sur l'espace réduit de l'écran de télévision. Le corps reste relativement au repos, en tout cas à l'arrêt, et accumule ces tensions, auxquelles s'ajoute l'alternance de satisfactions et de frustrations de parties que l'on gagne après des échecs et d'un jeu qui ne finit jamais, car il y a toujours un niveau supérieur à franchir, puis la suite du jeu à acheter. Il est important de rester vigilant afin que l'enfant, pour des raisons diverses – mésestime de soi, difficultés relationnelles... –, qui y trouverait une source suffisante de satisfactions, ne s'y enferme pas. Généralement les enfants de 8-10 ans savent évaluer leurs besoins et alternent les activités extérieures, celles en groupe et les jeux solitaires sur console.

Les contraintes de l'école

La manière dont est vécue la scolarité pendant la période de latence peut avoir des conséquences significatives sur le plan somatique. Le fonctionnement de l'école et ses besoins imposent de nouvelles contraintes : écrire sur son cahier mobilise la vision rapprochée et la motricité digitale, lire au tableau, la vue à distance ; il faut pouvoir rester assis de longs moments à son pupitre, dans une position pas forcément agréable, sans parler de ce fameux cartable, souvent lourdement chargé, qu'il faut trimbaler de la maison à l'école et de l'école à la maison.

Le cartable

Lorsque les établissements scolaires ne proposent pas de casier où l'enfant peut laisser ses livres et ses cahiers, tantôt à l'école tantôt à la maison, celui-ci peut être amené à transporter ses affaires d'un lieu à un autre. C'est malheureusement son dos qui en subit les conséquences.
La colonne vertébrale des 6-10 ans est encore fragile et en pleine croissance. Il est important de la ménager. Un cartable trop lourd (au-delà de 10 % du poids du corps) représente un réel danger pour le dos. Et les statistiques indiquent que dans le secondaire, plus d'un enfant sur trois souffre de problèmes dorsaux. Le choix du cartable peut avoir son importance. On préférera les sacs à dos qui favorisent une bonne répartition des charges. On expliquera à l'enfant comment y ranger rationnellement ses affaires pour en faciliter le port, en plaçant par exemple les livres les plus lourds du côté des bretelles, le plus près du dos, pour qu'ils ne l'attirent pas trop vers l'arrière et pèsent davantage sur ses épaules. Faire ensemble le point sur l'emploi du temps de la journée permet également de l'aider à sélectionner uniquement les cahiers ou les livres dont il a besoin et de lui éviter des poids inutiles.

Le lieu des devoirs

Le choix de l'endroit où l'enfant va s'installer pour faire ses devoirs est important à plus d'un titre. L'âge de l'enfant et son autonomie face aux apprentissages jouent aussi un rôle. Pour les plus jeunes, 6 ou 7 ans, la proximité de l'adulte peut être encourageante. Ils préféreront faire leurs devoirs sur la table du salon, ou éventuellement pas trop éloignés d'un autre frère ou d'une sœur. Cette disposition s'avère tout à fait adaptée

à condition que le calme soit de mise pendant toute la durée des devoirs et que l'espace soit aménagé pour cela : la table débarrassée et rendue fonctionnelle ; et la télévision éteinte. Les plus grands, suffisamment autonomes, travailleront plus efficacement dans leur chambre, même si, pour certains, la présence de l'adulte reste nécessaire pour que l'enfant démarre le travail sans se disperser.
Quoi qu'il en soit, l'endroit doit être bien éclairé, pour favoriser une bonne lecture et minimiser les risques de fatigue oculaire. Le bureau et la chaise sont impérativement adaptés à la taille de l'enfant, et ils doivent lui plaire. Le confort dans les moments d'apprentissage est important, tant physiquement qu'affectivement. L'enfant a besoin d'apprendre à se tenir correctement devant son bureau et sur sa chaise afin d'éviter les mauvaises positions qui peuvent avoir des conséquences sur son dos. Il pourra mettre en pratique à l'école ce qu'il aura l'habitude de faire à la maison.

Quand la petite enfance perdure...

Après 3 ans, la continence le jour pour les selles comme pour l'urine est acquise. C'est même bien souvent une condition indispensable pour pouvoir être inscrit à l'école. L'enfant de 5, 6 ans sait en principe aller seul à la selle, même s'il a encore parfois besoin d'aide pour s'essuyer. Ce temps d'apprentissage est aussi celui où se posent les bases de l'hygiène : c'est en l'accompagnant systématiquement se laver les mains après la toilette, et en y allant nous-mêmes après l'avoir aidé, qu'il va intégrer cette habitude comme faisant partie du protocole. Les « bonnes manières » sont surtout celles qui sont bonnes de toute manière pour la santé. Or, on ne soulignera jamais assez l'importance de ce geste simple de prévention de nombreuses

contaminations bactériennes et virales qu'est le lavage des mains.
Les enfants de 7 ans, plus autonomes, répugnent encore pour beaucoup à aller à la selle à l'école. Cela peut occasionner des « accidents ». Ils restent rares cependant et sont dans ce cas le plus souvent liés à un désordre digestif passager (gastro-entérite et autres maux intestinaux à l'origine de diarrhées) qui en complique la gestion. À 8 ans, ils y vont plus facilement, lorsque c'est nécessaire. Uriner dans les toilettes de l'école ne pose généralement pas de problème particulier, une fois que l'autonomie sphinctérienne est acquise en journée. En revanche, il arrive pour certains enfants que persiste (ou revienne) une incontinence nocturne, que l'on nomme familièrement le « pipi au lit ».

L'énurésie

C'est le fait d'uriner inconsciemment et involontairement durant le sommeil, la nuit ou éventuellement au cours de la sieste. Lorsque l'enfant n'a jamais réussi à maîtriser sa vessie, on parle « d'énurésie primaire », et on qualifiera de « secondaire » celle qui survient après une période de plusieurs mois, où la continence semblait acquise. Les garçons sont les plus concernés : 10 à 15 % des enfants de 5 ans et 6 à 8 % de ceux de 8 ans présentent une énurésie primaire. La fréquence baisse avec l'âge, cependant, 1 à 2 % des adolescents en sont encore victimes. Les causes sont variables, parfois associées : immaturité de la vessie, trouble hormonal, difficulté à se réveiller, malformation de l'appareil urinaire ou infection, production excessive d'urine, troubles affectifs… L'hérédité joue un rôle également (les enfants dont l'un des parents ou les deux ont été énurétiques ont une probabilité plus importante de faire pipi au lit, de 1/4 à 2/3 par rapport aux autres enfants). Les facteurs psychologiques sont aussi à prendre en compte. Car l'énurésie a des conséquences sur le quotidien de l'enfant : tensions familiales, isolement scolaire, mésestime de soi. La prise en charge doit porter sur les causes éventuelles (traitement médical s'il y a lieu, dispositif d'alarme qui réveille l'enfant avant qu'il n'urine) et prendre en compte la dimension affective (psychothérapie...). Quoi qu'il en soit, il est important de toujours préserver l'estime de soi de l'enfant : il ne sert à rien de le punir, de le culpabiliser ou de le ridiculiser, la tension et le stress générés ne faisant qu'aggraver les symptômes. On conseillera plutôt de lui expliquer ce qui se passe et de l'impliquer dans le traitement. Différentes mesures peuvent être envisagées pour faciliter les progrès : petit pot près du lit, veilleuse, réduction des boissons le soir... À ce titre, on évitera de lui laisser les couches : elles le confinent dans l'image du bébé, ne favorisent ni la prise de confiance en soi, ni la maîtrise de son corps.

L'encoprésie

Cela correspond à l'émission involontaire de selles, alors que l'enfant a plus de 3 ans. Elle est le plus souvent secondaire, c'est-à-dire que l'enfant se remet à faire dans sa culotte après une période où la propreté semblait acquise. Cela survient plus généralement dans la journée et concerne davantage les garçons que les filles. Sa fréquence diminue bien sûr avec l'âge : de 3 p. cent à 4 ans elle passe à 1,5 p. cent à 8 ans. Elle peut s'associer à d'autres troubles comme l'énurésie, des troubles du langage ou des troubles anxieux. Elle peut avoir comme conséquence le rejet de l'enfant par la famille, lorsque les parents qui ne comprennent pas la dimension psychologique du trouble adoptent des attitudes répressives ; par l'entourage et les camarades de classe notamment, dont il peut devenir la risée. Que se passe-t-il ? L'enfant se retient, bien qu'il ait conscience de l'envie d'aller

aux toilettes et de l'imminence de l'émission des selles. Sous l'effet du trop-plein, le rectum se vide en dépit des efforts pour les retenir, quelle que soit leur consistance.
Plusieurs facteurs peuvent être incriminés : la naissance d'un petit frère, des difficultés à trouver sa place à l'école, ou à se situer dans la famille, des exigences éducatives excessives..., ils n'en constituent pas pour autant constituer LA cause forcément. C'est parfois un moyen d'exprimer une certaine forme d'opposition et des difficultés psychologiques, auxquelles peuvent s'associer une baisse de l'estime de soi, de la culpabilité, voire des éléments dépressifs. La persistance du trouble justifie un suivi par un spécialiste, pédopsychiatre ou psychologue pour enfant.

Les soins spécifiques de l'âge de raison

En fonction de la législation, de l'âge de l'enfant, de son mode de vie, certaines mesures sont à connaître. Dans le cadre des actions de prévention, nous avons évoqué les visites médicales obligatoires organisées par la médecine scolaire ou les visites chez le dentiste. Il faut aussi contrôler la vaccination pour certains. Et puis le mode de vie communautaire de l'enfant, à l'école ou dans les centres de loisirs, l'expose aussi à de nouveaux dangers.

Vaccinations et accidents

La plupart des vaccins obligatoires sont administrés dans les premières années. Après 6 ans, le second rappel du vaccin Dtcoq-polio (contre la diphtérie, le tétanos, la coqueluche et la polio) est à effectuer, associé, s'il n'a pas déjà été administré, au ROR (contre la rougeole, les oreillons et la rubéole). Il peut éventuellement être nécessaire de faire d'autres vaccins

spécifiques en cas de voyage dans des pays endémiques. Puis vers 11-13 ans, on procédera aux derniers rappels.
Le temps de l'école est aussi celui des accidents « de cours de récré ». Le plus souvent sans gravité, ils n'en sont pas pour autant à négliger. La récréation est un moment de libération pulsionnel qui suit une période pendant laquelle l'enfant a dû se contenir, être attentif, concentré. C'est un temps court (une quinzaine de minutes) pendant lequel l'enfant a besoin de se défouler. Il n'y a rien d'étonnant à ce qu'il soit parfois le lieu de collisions imprévues. En principe, un ou plusieurs surveillants ont la responsabilité d'assurer le bon déroulement de ce moment. Ils sauront gérer les soucis les plus bénins.

Foulures, entorses et autres fractures... En cas de foulure ou d'entorse, il est raisonnable de consulter un médecin, qui saura proposer un traitement adapté et prescrira le cas échéant une radiographie osseuse. Les capacités adaptatives de l'enfant favorisent une certaine tolérance à la douleur et une accommodation au traumatisme articulaire. Cependant, une entorse mal soignée peut favoriser la répétition d'accidents. De même, certaines fractures osseuses ne seront révélées que par les radiographies. Négligées, elles peuvent avoir des conséquences dommageables sur le long terme.

Chocs sur les dents Comme nous l'évoquions précédemment, une atteinte des dents, même lorsqu'elles sont de lait, n'est pas anodine. Il s'avère nécessaire de consulter un dentiste qui pourra confirmer la nécessité d'une intervention. La fissure ou la luxation d'une dent peut avoir des séquelles esthétiques et fonctionnelles si elle n'est pas corrigée. Il en est de même en cas de chute. Une dent de lait ne sera pas systématiquement replacée, mais il peut être nécessaire de maintenir l'espace à l'aide d'un dispositif adapté, pour éviter que les dents voisines ne se rapprochent et permettre à la dent définitive de sortir correctement. Il est possible, en cas d'intervention rapide, de replacer la dent qui vient de tomber. Réimplantée dans la demi-heure qui suit, elle a toutes les chances d'être sauvée. Quel que soit l'événement, l'enfant aura à cœur d'en faire le récit. Décrire comment est arrivée la chute ou justifier la bagarre dont le camarade est forcément le responsable, lui permet d'évacuer un certain nombre des tensions ou des peurs, associées à la douleur du coup ou de la blessure (parfois bien moindre que le récit qui en est fait). Il n'est pas indispensable de prendre parti ni de minimiser l'erreur ou l'étourderie. Accorder une véritable attention à ce qui est raconté suffit à souligner la valeur de l'expérience et permet à l'enfant d'éviter les mêmes écueils.

Maladies aiguës – maladies chroniques

Dès sa naissance, l'enfant se trouve confronté à des fluctuations de son état de santé auxquelles les parents doivent répondre. Plus il est jeune, plus il dépend de l'attention de ces derniers qui doivent repérer son mal-être et proposer des solutions adaptées, seuls ou avec l'aide de professionnels compétents, médecins généralistes, pédiatres ou spécialistes divers. En grandissant, l'enfant prend conscience de lui-même, de son corps et des états que celui-ci traverse. Il affirme son statut d'individu autonome et devient un partenaire actif dans la prise en charge de sa santé. Il signale quand il ne se sent pas bien et met des mots sur ce qu'il ressent. Parfois même il en joue pour en tirer quelque avantage, éviter une corvée, se faire dispenser d'école… Le plus souvent cependant, lorsque la maladie survient, elle est vécue comme une contrainte, plus ou moins grave, plus ou moins longue et invalidante, que parents et enfants doivent assumer ensemble. Devant une altération de sa santé, l'enfant de l'âge de raison peut présenter deux attitudes. Il s'accommode de la situation, car elle favorise une attention particulière des parents et permet une régression, c'est-à-dire un retour à un mode de fonctionnement antérieur, comme lorsqu'il était encore bébé. Les parents, parallèlement aux soins médicaux nécessaires qu'ils prodiguent, sont attentifs à compenser ce que la maladie vient affecter. Ils le cajolent, le maternent davantage, et se montrent plus souples sur les règles d'ordinaire en vigueur à la maison. L'enfant peut y trouver son compte surtout lorsque cela n'affecte pas trop ses habitudes. Mais l'enfant peut aussi s'en irriter, car la maladie le limite dans son autonomie, dans ses jeux ou ses possibilités nouvelles dont il veut profiter au maximum. Les parents peuvent être victimes des colères ou des reproches de l'enfant, qui considère qu'ils sont responsables de la maladie ou qu'ils ne l'ont pas suffisamment protégé.

Les particularités dues aux maladies chroniques

Cette conviction de ne pas avoir été suffisamment préservé est d'autant plus présente que la maladie s'installe et perdure. C'est le cas des maladies chroniques qui se définissent comme des affections dont l'évolution est lente, qui durent longtemps, parfois toute la vie, et dont le pronostic est parfois peu favorable. Parce qu'elles résistent aux soins, aux médicaments, à la meilleure volonté, aux désirs les plus forts, elles mettent en lumière la limite de nos capacités protectrices. Parents et enfants sont confrontés à ce sentiment d'impuissance, ce qui peut engendrer une certaine culpabilité. Celle des parents se nourrit des origines de la maladie : si elle est génétique, on sera tenté de rechercher dans ses antécédents celui des deux parents qui porte le gène délétère ; s'il existe une cause identifiée, on s'interrogera sur ce que l'on aurait pu ou dû faire pour l'éviter, ou au contraire favoriser, lorsque les facteurs en jeu sont flous ou multiples (maladies congénitales ou troubles mentaux). Ce sentiment de culpabilité peut être vécu en symétrie par l'enfant qui se rend responsable d'être tombé malade et de créer du souci à ses parents. L'idée qu'il y a forcément un responsable à la maladie est assez commune, on la retrouve également au cours de maladies aiguës, comme en attestent les expressions habituellement employées : « Il *m'*a fait un rhume, parce qu'il ne s'est pas assez couvert » ou « il m'a refilé sa grippe ».

Pour l'enfant qui ordonne sa pensée sur un mode logique concret, il y a forcément une raison qui fait de lui ou de ses parents les responsables. Selon sa personnalité et son vécu, il va imaginer des scénarios qui confèrent à la maladie une fonction particulière. Par exemple, s'il se reproche d'avoir été désobéissant ou méchant avec sa maman, il peut voir dans la maladie la conséquence de sa mauvaise conduite. Face à une situation où il ressent injustice ou désamour, la maladie aura des vertus vengeresses : elle donne une bonne leçon aux parents tout en les obligeant à être plus gentils avec lui. Ces modèles de pensée centrés sur lui-même diminuent au fur et à mesure que l'enfant grandit et qu'il élargit son champ de perception du monde et de son fonctionnement. Il est bon cependant de lui expliquer précocement les choses, notamment l'existence des bactéries ou le rôle des virus, et le caractère universel de la maladie, qui peut toucher (presque) tout le monde. Avoir conscience que les maladies font partie de la vie est la meilleure façon de déculpabiliser. On soulignera aussi le rôle actif qu'il a face à la maladie, dans la manière avec laquelle il suit son traitement, bien sûr, mais également par la façon dont il l'affronte ou s'en accommode. Car il n'est pas systématiquement adapté de parler de « combat face à la maladie », notamment dans le cas de maladies auto-immunes, où ce sont ses propres défenses qui attaquent les cellules de son organisme. L'enfant sera plus sensible à l'idée d'endormir la maladie, ou d'en faire son alliée pour rester le plus fort.

Ludivine et son insuline

«C'est juste une habitude à prendre, comme se brosser les dents!» assure Ludivine, 8 ans, avec le sourire sérieux d'une petite fille sage. Elle explique ainsi simplement comment chaque jour, elle se fait elle-même ses injections d'insuline, cette hormone de synthèse aujourd'hui indispensable à sa vie. Car Ludivine est atteinte de diabète, une maladie chronique qui l'astreint à un traitement journalier, probablement à vie.

Elle se souvient de son premier malaise, de l'hospitalisation et des jours qui ont suivi, ponctués de si nombreuses piqûres. «Enfin, ce ne sont peut-être pas mes vrais souvenirs, on me l'a tellement racontée cette histoire». La maladie de Ludivine a été découverte alors qu'elle avait 6 ans. Elle maigrissait à vue d'œil, avait de plus en plus envie d'aller faire pipi et se sentait terriblement fatiguée. Cette affection congénitale est due à un dysfonctionnement de certaines cellules du pancréas, responsables de la sécrétion naturelle d'insuline. Or cette hormone est nécessaire pour réguler la quantité de sucre dans le sang, qui varie en fonction des repas, de l'utilisation que les muscles en font, en permettant sa mise en réserve pour une utilisation adaptée.

Longtemps, c'est sa maman qui lui a fait les injections. Mais depuis qu'elle a 8 ans, elle préfère s'en charger elle-même. Elle montre avec fierté la pompe à insuline qu'on lui a achetée pour l'occasion: «On dirait le stylo de James Bond, dit-elle amusée, mais en fait c'est une piqûre, en beaucoup mieux. Je ne sens presque rien.» Ludivine n'oublie jamais une injection. À cela s'ajoutent des mesures diététiques précises, qui fixent notamment ses apports en sucres lents et rapides. Elle suit son régime scrupuleusement, même si c'est difficile de refuser un bonbon offert par une camarade qui ne sait pas que pour elle, il devient le plus dangereux des poisons... Elle le met dans sa poche, en attendant de le donner à son petit frère.

L'âge de raison est par excellence l'âge propice au traitement (ce qui sera moins systématiquement le cas à l'adolescence où peuvent se côtoyer désir d'opposition et conduites ordaliques*). Il n'en reste pas moins important de tenir l'enfant au courant de la maladie, de ne pas lui cacher les informations. La compréhension des mécanismes en action, qui légitime la lourdeur possible des soins, favorise bien sûr leur bonne observance. La confiance qu'on lui manifeste en lui parlant comme à un individu sensé et capable de gérer sereinement la situation, participe également à le responsabiliser.

La maladie chronique Lorsqu'elle touche le corps, elle rend l'enfant souvent plus mûr, plus responsable pour son âge. Il devient de ce fait fréquemment plus critique vis-à-vis de lui-même. Or il n'est pas facile à cet âge d'assumer la différence. Et si parfois la maladie permet à la maison de retirer quelques bénéfices secondaires, elle reste bien souvent cachée. Ce n'est pas toujours évident d'expliquer à l'enfant qu'il est important de tenir la maîtresse au courant : pourtant, en cas de problème, elle sera mieux à même de réagir de façon adaptée.

La maladie chronique favorise fréquemment des compromis éducatifs. La mère de Pierre, qui a fait plusieurs crises graves d'épilepsie, avant que l'on mette en place un traitement adapté, redoute tellement de nouvelles crises, qu'elle accepte tout ce qu'il demande de peur qu'il ne fasse une colère. Or il ne manque jamais d'en faire lorsqu'il n'obtient pas ce qu'il désire, ou qu'une chose le contrarie. Il est important de ne pas modifier les règles et les lois en vigueur dans la famille, par rapport aux autres enfants, qui peuvent mal vivre ces faveurs et voir dans l'état de maladie comme un état providentiel, et pour ne pas entretenir une relation délétère avec l'enfant malade. Les parents ressentent parfois le besoin de se libérer de cette fameuse culpabilité que nous avons évoquée notamment face au sentiment de n'avoir pas bien « réussi » leur enfant, ou de lui avoir transmis le mal, lorsque la pathologie est déjà présente dans les antécédents de la famille. Ils peuvent avoir ainsi tendance à le surprotéger ou compenser par des excès de faveurs. Le souci peut être de conforter involontairement dans leurs esprits et dans celui de l'enfant cette fausse croyance.

Il est important de ne pas réduire l'enfant à la maladie qui l'affecte. De parler du mal comme de *SA* maladie, est déjà en soi presque excessif : après tout elle ne lui appartient pas et si on pouvait l'en débarrasser elle ne manquerait à personne !.. À moins qu'elle ait pris une telle place dans la vie de la famille qu'elle en soit devenue un membre à part entière. Cela arrive lorsque le fonctionnement familial est plus ou moins sous dépendance des contraintes imposées par les soins (heures des repas, prises médicamenteuses, régimes alimentaires dont tout le monde bénéficie « pour ne pas faire de jaloux… », attentions particulières). Souligner les différentes qualités de l'enfant, et ses défauts également, permet de ne voir dans la pathologie qu'une particularité au sein de toutes celles qui le caractérisent.

On évitera plus facilement la jalousie des autres frères ou sœurs en continuant de considérer chacun avec ses différences, sans que certaines (comme la maladie) prennent le pas sur les autres. De même qu'on sera tout aussi attentif à leurs soucis d'enfants en bonne santé, on évitera de leur donner des responsabilités vis-à-vis du frère malade : cela reviendrait à en faire nos associés, à les « parentaliser », et à les conforter dans l'impression que nous sommes si démunis que nous nécessitons cette aide pour remplir notre rôle de parents. La fratrie a besoin de se sentir constituée d'enfants à part entière. Ainsi, la famille peut continuer de bien évoluer.

3

… que la raison ignore

Les difficultés psychologiques

C'est la raison qui fait l'homme,
mais c'est le sentiment qui le conduit.
Jean-Jacques Rousseau

Les éléments que nous avons décrits précédemment donnent un aperçu des caractéristiques évolutives des enfants entre 6 et 12 ans. Cette connaissance du développement ordinaire est essentielle pour évaluer le caractère maladif ou au contraire maturatif des manifestations particulières qui peuvent parfois nous alerter, qu'elles surviennent chez l'enfant isolé ou en interaction avec ses proches.

Les signes, les indices qui nous permettent de présager que l'enfant présente ou va développer dans les périodes à venir une maladie ou un trouble psychologique particulier sont ce que l'on appelle des symptômes. Ces manifestations peuvent être directement observables par les parents ou l'entourage, qui constateront, par exemple, une diminution soudaine de l'appétit, une agitation inhabituelle ou des difficultés d'adaptation diverses. Elles peuvent également résulter de l'interprétation d'un ensemble d'éléments, qui passent parfois inaperçus, notamment s'ils sont pris séparément, ou s'ils sont ignorés voire mal interprétés, car envisagés comme des bêtises.

Parallèlement, la présence ou non de tel ou tel symptôme* ne définit pas de façon absolue la pathologie. Le symptôme est à prendre en compte en fonction de son association avec d'autres signes et de son rôle dans la dynamique évolutive de l'enfant, en particulier selon les conséquences que l'on peut observer sur son développement.

Les difficultés rencontrées par l'enfant de l'âge de raison vont essentiellement s'organiser autour de deux axes : celles qui se manifestent en milieu scolaire et celles qui émergent au sein de la famille.

À l'école, l'enfant peut rencontrer des problèmes d'adaptation aux conditions requises pour la scolarisation : des troubles des apprentissages (en lien ou non avec des pathologies spécifiques comme la dyslexie* ou la dyscalculie*), des problèmes d'intégration dans le groupe d'enfants, des résistances à accepter les règles de la classe… Les signes que l'on va observer à la maison couvrent un champ hétérogène, avec ou sans lien avec le fonctionnement familial. Certains de ces soucis sont confiés à la pédiatrie (pathologies psychosomatiques, insomnie, retard de croissance…), d'autres sont davantage du registre du psychologique (troubles de l'humeur, comportements divers : tics, énurésie, déséquilibres alimentaires, conduites sociales…).

Quel qu'en soit le lieu, l'expression symptomatique peut être en rapport avec deux types de phénomènes. Il peut s'agir de la conséquence d'un dysfonctionnement mental ou physique, il est secondaire à un trouble particulier et peut s'améliorer par sa résolution ou sa guérison, ou être la traduction symbolique de conflits psychiques : les désirs de l'enfant entrent en contradiction avec ce qu'il perçoit des aspirations de ses parents, ou des adultes qui lui sont proches, de leurs exigences (morales, éducatives, culturelles…), et le plongent dans des dilemmes inconscients, ingérables sur le plan émotionnel.

Troubles du sommeil

Après la période normale de turbulence de la petite enfance (angoisses du coucher et réveils nocturnes, phénomènes fréquents chez l'enfant et qui font partie de son développement normal), les nuits deviennent habituellement plus tranquilles. Cependant, certains troubles peuvent persister ou survenir, le plus souvent de façon transitoire. Ils affectent soit l'endormissement et se traduisent par des difficultés ou un retard à trouver le sommeil, soit la qualité même de ce dernier et se manifestent par des réveils nocturnes.

Troubles de l'endormissement

Les insomnies vraies, avec une diminution significative de la durée du sommeil, sont rares à cet âge-là. Le plus souvent, il s'agit de retards à l'endormissement consécutifs à des facteurs extérieurs facilement identifiables. Le sommeil retrouve son harmonie une fois l'origine du problème décelée et écartée.
Les causes peuvent être variables : une maladie intercurrente qui affecte l'enfant (fièvres, douleurs dentaires, infections du nez, de la gorge ou des oreilles), un traitement mal supporté (certains médicaments ont des effets excitants, comme les corticoïdes utilisés contre l'asthme de l'enfant).
Les causes peuvent être également liées à un environnement mal adapté, une chambre trop bruyante (si elle est contiguë au séjour, où la télévision résonne tard le soir), ou trop chaude par exemple.
Des facteurs psychologiques mineurs peuvent aussi interférer : l'agitation dans la journée ou le soir, un excès de télévision ou de jeux vidéo qui ont un effet stimulant sur l'esprit et les émotions de l'enfant. Les inquiétudes scolaires jouent un

rôle important : un enfant angoissé par ses résultats, qu'il ait de mauvaises notes ou qu'il soit trop perfectionniste, qu'il rencontre des problèmes relationnels avec la maîtresse, un garçon victime de bagarres dans la cour de récréation… Bref, tout événement stressant survenant dans la journée peut être source de préoccupation (un problème avec la nourrice, un grand-père malade, une mère enceinte, des difficultés dans le couple de ses parents). Tout cela peut perturber le sommeil, d'autant que l'enfant n'a pas les moyens d'évacuer ses tensions comme le ferait un adulte en se confiant à un proche ou en réfléchissant aux solutions qui s'offrent à lui.

Ce sont le plus souvent des troubles transitoires qui trouvent leur résolution avec l'apaisement des craintes qui les ont générés. Certains enfants continuent d'observer les rituels du coucher : rangement, accumulation d'objets dans le lit, besoin de boire, demande itérative de bisous ou d'une histoire, de veilleuse. Il est important de les respecter, sans toutefois leur accorder une place trop marquée, car s'ils empiètent sur le coucher ou gênent le sommeil, ils deviennent à leur tour sources de conflits ou d'angoisse. Dans ce cas, il sera utile de limiter les rituels en proposant des aménagements.

L'endormissement n'est pas le seul moment qui peut être perturbé. Dans cette période de calme apparent, il n'est pas rare que la nuit favorise le réveil d'angoisses inconscientes chez l'enfant. Des phénomènes particuliers peuvent alors venir dérégler le sommeil. Ils sont le plus souvent bénins, sans conséquences sur le repos de l'enfant, mais leur caractère parfois bruyant ou surprenant peut inquiéter les parents. On les appelle des parasomnies ; elles constituent des anomalies comme les terreurs* nocturnes, le somnambulisme, le bruxisme (le fait de faire du bruit en dormant), ou les soliloquies (lorsque l'enfant parle dans son sommeil).

Les angoisses de la nuit

Elles constituent un ensemble de manifestations le plus souvent aiguës et de résolution spontanée. Elles prennent des allures différentes selon le moment où elles apparaissent au cours du sommeil, leur intensité et leur durée. On décrit ainsi les rêves d'angoisse, les terreurs nocturnes et les réveils anxieux.

Les « mauvais » rêves Ce sont des rêves dont le contenu est pénible, désagréable ou inquiétant. L'enfant s'agite dans son sommeil, pleure ou gémit, appelle parfois à l'aide. Il arrive qu'il se réveille ; il est alors bien conscient (à la différence des terreurs nocturnes) et peut se souvenir de son « cauchemar ». Le plus souvent, c'est le lendemain au réveil que le mauvais rêve lui revient.

Comme en atteste leur fréquence, un tiers des enfants en fait le récit – ces rêves sont une manifestation banale dans la vie affective de l'enfant, surtout lorsqu'ils se rattachent à un événement traumatique ou à une période difficile que peut traverser ce dernier (scolarité compliquée, dissensions dans la cour de récréation ou conflits familiaux...) : ils traduisent la gestion inconsciente des sentiments qui l'animent et la structuration de ses pensées et de ses affects.

Terreurs nocturnes et réveils anxieux Alors qu'il dormait jusque-là paisiblement, l'enfant se met soudainement à crier, s'assoit dans son lit, le visage épouvanté, les yeux égarés et comme en proie à des visions effrayantes. Il est pâle, en sueur, son pouls et sa respiration s'accélèrent. Il semble éveillé, se défendant contre des dangers imaginaires, mais il ne reconnaît pas plus sa mère que son père, accourus pour le rassurer. Aucune parole ne l'atteint, ne le console, ne le calme. La crise dure quelques minutes, rarement plus de dix, mais qui paraissent une éternité pour celle ou celui qui en est le témoin. L'enfant se rendort aussitôt... laissant le plus souvent ses parents dans une inquiétude bien compréhensible ! Le lendemain au réveil, il ne se souvient de rien.

En fait, pendant cette crise, l'enfant n'est éveillé qu'en apparence ; il s'agit, comme le révèlent les examens réalisés en cours d'épisode lors d'un EEG (enregistrement électroencéphalographique), d'un éveil dissocié : une partie du cerveau (le cortex, responsable des actions conscientes) reste endormie, en sommeil profond, alors qu'une autre partie (motrice et neurovégétative) est stimulée. Ce phénomène se retrouve à l'identique dans le somnambulisme.

Ces crises touchent en moyenne de 1 à 3 % des enfants de l'âge de raison, plus fréquemment les garçons, et concernent davantage les enfants de la période préscolaire (6 % environ). Elles peuvent survenir quelques fois coïncidant souvent avec la mise en place du conflit œdipien. L'enfant commence à développer un sentiment de rivalité vis-à-vis du parent de sexe opposé qui se nuance d'agressivité, d'ambivalence et de culpabilité. Les tensions générées par ces émotions contradictoires trouvent dans ces manifestations oniriques un exutoire explosif. La résolution de ces conflits internes, selon les processus décrits dans le chapitre V (« Les raisons de grandir ») entraîne leur disparition. Malgré leur caractère impressionnant, ces crises sont bénignes, et ne justifient d'un traitement ou d'un suivi psychologique que si elles se multiplient, deviennent gênantes pour l'enfant et son entourage, ou s'associent à d'autres manifestations d'angoisse.

Quant aux réveils anxieux, ils sont à l'interface entre les rêves d'angoisse et les terreurs nocturnes. L'enfant se réveille au cœur de la nuit, bien conscient et sans éprouver de manifestations hallucinatoires, mais une angoisse intense l'envahit et le maintient éveillé. C'est bien souvent dans le lit des parents qu'il va s'immiscer pour retrouver le sommeil.

Somnambulisme C'est une manifestation assez typique de l'âge de raison qui apparaît entre 7 et 12 ans, plus fréquemment chez le garçon, et 6 à 10 % des enfants concernés en sont affectés plusieurs fois par mois. Il n'est pas rare de retrouver chez les parents des antécédents de somnambulisme.

Une à trois heures après l'endormissement (toujours dans la première moitié de la nuit), l'enfant se lève et déambule dans sa chambre ou dans la maison. Les actions qu'il effectue vont des plus simples (juste chercher à se lever) aux plus complexes (aller aux toilettes, manger, voire sortir dans la rue). Il est calme, a le plus souvent les yeux ouverts, et, après un temps plus ou moins long (qui n'excède généralement pas la demi-heure), il se recouche ou se laisse reconduire dans son lit. Le lendemain, il ne se souvient de rien, et lorsqu'on lui fait le récit de ses pérégrinations nocturnes, il écoute, le plus souvent incrédule.

Le « somnambulisme simple » se caractérise par des crises rares (souvent isolées), au cours desquelles les déambulations sont sans danger. Il est le plus fréquent et concerne 15 % des enfants de 7 à 12 ans. Le « somnambulisme à risque », qui concerne 1 à 6 % des enfants, associe une fréquence plus élevée des accès somnambuliques (plus de deux par semaine) à des errances plus longues et des activités plus complexes et plus dangereuses (manipulation d'objets, sortie dans la rue, défenestration).

Le somnambulisme s'apparente, par certains aspects, à la terreur nocturne à laquelle il peut être associé dans certaines formes rares appelées « somnambulisme terreur » où agitation et frayeur se manifestent violemment. Dans ces cas bien précis, l'enfant peut se montrer agressif lorsqu'on essaie de l'apaiser ou de le contenir.

Il n'y a pas, contrairement à la croyance populaire, de danger psychologique à réveiller un somnambule. Le risque peut cependant venir de la situation dans laquelle il se trouve au moment où on le surprend, sur une fenêtre ou un couteau à la main, le réveil peut alors favoriser un accident. Il est de toute façon rarement nécessaire d'éveiller l'enfant puisqu'il se laisse le plus souvent tranquillement recoucher.

Mon enfant parle la nuit, dois-je m'inquiéter ?

Qu'il s'agisse de paroles que l'enfant prononce de façon plus ou moins intelligible (on appelle cela de la soliloquie), ou de grincements de dents (le terme médical est le bruxisme) ces manifestations sont banales et sans aucune gravité. En dehors de la gêne éventuelle qu'elles peuvent représenter pour l'entourage (en particulier pour le frère qui partage la chambre ou les camarades d'école si l'enfant part en classe verte ou en colonie), elles ne nécessitent pas de prise en charge particulière. On conseillera éventuellement une consultation préventive chez le dentiste de famille en cas de bruxisme vraiment important, car le frottement intensif et chronique des dents les unes sur les autres peut favoriser leur usure et des lésions dentaires ne sont pas improbables.

Toutes ces manifestations sont généralement sans gravité, ne sous-tendent aucune lésion ou anomalie organique. Cependant, lorsqu'elles se répètent trop fréquemment, une prise en charge peut être préconisée. Elle commence par un bilan neuropédiatrique global à la suite duquel un électroencéphalogramme peut être prescrit. Il permet entre autres d'éliminer une possible épilepsie nocturne, et de s'assurer que tout va bien sur le plan somatique. Quelques consultations chez un pédopsychiatre apaiseront les angoisses qui peuvent être sous-jacentes à ce type de manifestations.

Quoi qu'il en soit, une attitude cohérente s'impose, et il peut être utile de repenser l'organisation du coucher. Les parents sont les gardiens du sommeil de l'enfant : une de leurs missions est d'assurer un encadrement adapté, l'enfant doit se sentir en sécurité affective. Plus les parents ont du plaisir à aller au lit plus les enfants aussi (l'exemple parental joue encore une fois un rôle non négligeable). Quelques règles simples s'avèrent fondamentales : coucher son enfant à la même heure tous les soirs de la semaine, l'accompagner, en fonction de l'âge, avec l'histoire du soir ou les petits échanges sur les moments agréables de la journée, les câlins ou le bisou pour se dire bonsoir, insister sur les instants de calme avant l'extinction des lumières..., autant de circonstances qui permettent un passage progressif et serein de la veille au sommeil. On restera attentif au confort de la chambre (selon le cas, l'enfant préférera qu'il y fasse noir, ou qu'une petite veilleuse en adoucisse l'obscurité), comme on évitera le soir venu tout excitant (soda de type cola ; télévision ou jeux vidéo ; bain chaud...).

Troubles anxieux, phobies, tics et tocs

L'anxiété, l'angoisse, la peur ne sont pas en soi des troubles psychologiques. Elles correspondent même dans certains cas à des réactions émotionnelles adaptées à une situation donnée. Ce sont elles qui peuvent nous amener à réfléchir aux conséquences de certains actes et nous protéger de situations qui pourraient nous nuire. Chez l'enfant, elles participent dans une certaine mesure à son développement psychoaffectif, en particulier en stimulant ses capacités à gérer et à maîtriser ses émotions. Mais elles peuvent également faire, comme chez l'adulte, le lit d'une part importante des conduites psychopathologiques. Pour les phobies*, le lien avec l'anxiété est relativement évident, ce qui n'est pas toujours le cas pour d'autres troubles, comme les tics, ou les troubles obsessionnels compulsifs.

Les phobies

Elles correspondent à des craintes non justifiées d'un objet, d'un animal ou d'une situation, qui provoquent chez l'enfant, lorsqu'il y est confronté, une vive réaction d'angoisse. Elles le poussent à mettre en place des stratégies qui vont de conduites d'évitement à l'utilisation d'objets destinés à l'en protéger (on les qualifie d' »objets contraphobiques »).

La distinction entre peurs et phobies Elle n'est pas toujours évidente à faire. Les peurs sont présentes très tôt chez l'enfant (dès 18 mois, il peut évoquer sa peur du noir, des petits animaux, plus tard relayée par la peur du loup ou des animaux qui mordent…). À partir de 8 ans, elles évoluent vers une dimension plus existentielle, avec, en particulier, la peur de la mort, qui peut s'exprimer de façon indirecte par des plaintes hypocondriaques, nourries de préoccupations portant sur la maladie. Elles sont le plus souvent évolutives, transitoires, et participent au développement affectif et émotionnel de l'enfant. C'est l'intensité des réactions et l'énergie mobilisée autour des situations ou des objets phobiques qui signent la pathologie. Entre l'enfant qui peut surmonter sa crainte du chien en faisant un détour ou en évitant de regarder dans sa direction et celui qui est tétanisé ou pousse des hurlements rien qu'en l'imaginant dans sa niche, tous les gradients sont possibles, et tous les aménagements également. Les réactions de la famille jouent à ce titre un rôle non négligeable. Entre une attitude trop rigide qui contraint l'enfant ou le confronte à sa peur, avec le risque d'accroître la phobie, et celle trop conciliante, le juste équilibre n'est pas toujours facile à trouver.

Chez l'enfant de 6 à 12 ans, une variété innombrable de sujets peut être à l'origine d'une phobie : les animaux, bien sûr (la souris, le rat, l'araignée, le serpent, le loup), mais également les éléments naturels (l'orage, le tonnerre, les éclairs...), les situations communes (le noir, les hauteurs ou le vide) ou plus inhabituelles (certains lieux anodins, certaines pièces de la maison, le couloir...), les personnages réels (ceux du quotidien, comme le dentiste ou le boucher du coin, ou inconnus, comme les barbus) ou imaginaires (les monstres, les fantômes, les morts-vivants...)

La plupart des phobies s'atténuent, voire disparaissent, à partir de 8 ou 10 ans. Selon la pertinence des conduites d'évitement, il est également possible que l'enfant, puis l'adolescent qu'il devient, et avec lui toute la famille s'adaptent à la phobie, considérée progressivement comme une caractéristique de sa personnalité. Devenu adulte, il continue à vivre avec, en gérant plus ou moins harmonieusement les moments où elle se réactive. Dans d'autres cas, l'évolution s'avère plus contrastée. Elle peut devenir trop invalidante, perturber le fonctionnement de la famille et de l'enfant dans son quotidien, en l'empêchant de jouer, d'apprendre, d'aller à l'école normalement. Elle peut également se transformer progressivement en un trouble obsessionnel compulsif. Elle nécessite dans ce cas une prise en charge psychologique adaptée.

Les tics

Qu'ils consistent en des clignements d'œil, des froncements de sourcils, des mouvements du menton, ou des hochements de tête ou d'épaule… les tics se caractérisent par l'exécution soudaine et involontaire de mouvements répétés impossibles à maîtriser. Ils se manifestent de multiples façons : ils peuvent ne toucher que le visage, ce sont les plus fréquents, ou porter sur d'autres parties du corps et constituer des mouvements, parfois complexes, des mains ou des bras, des sons, des claquements de langue ou des toussotements. Tous ces tics peuvent être isolés ou s'associer, mais n'ont jamais de fonction en soi et peuvent sembler absurdes ou ridicules pour l'entourage. En revanche, les tentatives de répression vont créer un malaise chez l'enfant et accentuer parfois le phénomène. Leur disparition au cours du sommeil, comme leur renforcement dans les circonstances de stress, soulignent l'influence de facteurs psychologiques.
Leur apparition survient typiquement à l'âge de raison, vers 6 ou 7 ans, où ils se développent progressivement. L'enfant décrit souvent une sensation de tension préalable que le tic, comme une décharge, vient apaiser. Il s'ensuit un sentiment de honte, voire de culpabilité, que l'attitude de l'entourage, les moqueries des copains ou les remontrances des parents (« tu pourrais essayer de te contrôler » est une remarque souvent entendue), accentuent plus encore.
Plusieurs facteurs sont à évoquer afin de mieux comprendre ce phénomène. Il s'agit dans un premier temps d'une conduite motrice en réaction à une situation d'anxiété, à un âge où les affects et les tensions émotionnelles s'expriment volontiers par le corps. Elle peut se nuancer d'une certaine charge d'agressivité passive, chez les enfants qui vont chercher à refréner les pulsions hostiles qui se développent naturellement au cours

des interactions avec leur entourage et dans les moments de frustration.
Certains tics sont transitoires, et régressent notamment à l'approche de la puberté. Ceux qui persistent ou s'aggravent au cours du temps peuvent bénéficier d'une prise en charge adaptée. Les médicaments psychotropes ont peu d'effets, il est judicieux selon les cas d'y associer une psychothérapie, une thérapie comportementale, psychomotrice ou de la relaxation. Tout en étant soignés, certains de ces enfants conserveront cependant quelques tics à l'âge adulte.

Les troubles obsessionnels compulsifs

Les tocs ou troubles obsessionnels compulsifs consistent en l'association de deux phénomènes psychologiques, l'un purement mental, c'est l'obsession, l'autre inscrit dans l'action, c'est la conduite compulsive ou compulsion.
L'obsession est une pensée qui envahit l'enfant, et tourne autour de sujets qui le préoccupent et l'angoissent au point d'occuper tout son esprit. Les thèmes sont ceux de la maladie, de la propreté (ou plutôt de son pendant, la saleté), du comportement de l'enfant, de ses capacités à être méchant ou agressif, à avoir des pensées mauvaises ou interdites... La conduite compulsive intervient alors comme une tentative de se défendre de ces idées envahissantes. Nettoyer la moindre poussière pour se protéger des microbes, compter les carreaux sur le sol ou réciter des prières pour chasser les mauvaises pensées, vérifier plusieurs fois que l'on a bien fermé le gaz ou la porte de la cave pour maîtriser ses pulsions agressives sont autant d'actions qui, dans un premier temps, peuvent passer inaperçues. D'autant plus que la victime du toc persiste longtemps à sous-estimer son trouble ou à le nier. Mais

la conduite compulsive est elle-même difficile à maîtriser et, sans réellement parvenir à calmer l'angoisse, l'individu ne peut s'empêcher de la reproduire, au point qu'elle en arrive à perturber de façon importante son quotidien : retard à l'école ou au travail, impossibilité de sortir en raison des vérifications à toujours réitérer, difficulté de concentration, oublis répétés...
Les tocs sont relativement rares chez l'enfant avant 10 ou 12 ans. Pensées obsédantes et troubles compulsifs concernent plutôt le préadolescent et l'adolescent.
Les rituels que l'on peut observer de façon assez banale chez l'enfant ne doivent pas être confondus avec ces manifestations, qu'ils soient ou non associés à des phobies ou qu'ils y succèdent. Rituels du coucher, vérification du cartable, ou de la fermeture de la porte d'entrée avant d'aller à l'école, sont autant d'actions qui rassurent transitoirement l'enfant et disparaissent progressivement au fur et à mesure qu'il acquiert de la confiance en lui.

Les mains sales

Dimitri est un grand gaillard pour son âge. « 11 ans bientôt, et aucun problème particulier », s'empresse-t-il de dire en coupant sa mère qui explique qu'elle consulte sur les conseils de leur médecin généraliste. Cette dernière s'inquiète de l'état d'irritation des mains du garçon. Elles sont effectivement très rouges, leur peau est sèche et desquamée ; par endroits, au niveau des plis digitaux, on devine de minuscules croûtes sombres qui trahissent d'anciens petits saignements. « Au début nous pensions que c'était une allergie, poursuit Madame R. Mais toutes les pommades que l'on a essayées n'ont rien changé. Il faut dire qu'il se lave les mains au moins dix fois par jour. »

« Et alors, rétorque Dimitri, je suis quelqu'un de propre. C'est normal de se laver les mains avant d'aller manger ou après être allé aux toilettes ! »

Dimitri est un garçon avenant, apprécié de ses nombreux camarades, et qui ne semble pas rencontrer de difficultés scolaires...

« Enfin, jusqu'à l'année dernière, précise sa mère, car depuis quelque temps, les notes sont en chute libre. Ce changement est survenu à la suite du décès du grand-père. Je pensais que c'était le contrecoup, que ça s'arrangerait avec le temps quand la peine serait un peu passée, mais ça ne s'améliore pas. Son maître le trouve peu concentré. Je m'inquiète pour le passage en 6e. »

Lorsque l'on interroge plus précisément les faits, on se rend compte que le lavage des mains n'est que la partie apparente du trouble. C'est d'abord bien plus de dix fois par jour que Dimitri les nettoie, et chaque fois de façon particulièrement consciencieuse, les passant de cinq à dix minutes sous l'eau après plusieurs savonnages itératifs. D'autres comportements singuliers sont révélés : en dehors de chez lui, le jeune garçon s'arrange pour ne jamais avoir à ouvrir les portes : il y a toujours un copain pour passer avant lui, et il lui arrive d'attendre plusieurs minutes devant la boulangerie que quelqu'un entre ou sorte pour se glisser à l'intérieur. À la maison, il a développé une dextérité qui lui permet à l'aide de son coude d'actionner les poignées sans les toucher avec la main. Au fur et à mesure des entretiens, Dimitri en vient à parler des pensées qui le tracassent. Elles tournent autour des microbes, et d'une façon plus générale de tout ce qui est sale, les objets qui ne sont pas propres, mais aussi les pensées à caractère sexuel qu'il qualifie de « cochonnes », ou les actes répréhensibles. Dans son esprit, tout se mêle. Il ne peut s'empêcher d'y penser presque en permanence : à la maison, sous la douche, le soir en se couchant, ou à l'école, au point de ne plus pouvoir se concentrer sur ses devoirs.

L'avis du psy

Dimitri a développé une forme caractéristique de trouble obsessionnel compulsif. Les obsessions sont les pensées intrusives, que Dimitri ne peut chasser de son esprit, elles tournent autour de la propreté, des microbes, du besoin impérieux de se sentir propre. Les compulsions s'expriment par tous les actes qui visent soit à rechercher la sensation de

propreté, en se lavant les mains à la moindre occasion, soit à éviter de se sentir souillé, en se préservant de tout ce qui pourrait être porteur de saleté, comme les poignées « que tout le monde touche, et on ne sait pas où les gens ont mis leurs mains avant ». Ces pensées sont devenues tellement obsédantes qu'elles occupent tout l'esprit du garçon, qui n'est plus disponible pour la réflexion ni les apprentissages.

Plusieurs hypothèses causales ont été évoquées, sans doute complémentaires. La mort du grand-père comme facteur déclencheur semble tout à fait confirmée, moins en raison de la peine provoquée (bien qu'elle joue un rôle en fragilisant Dimitri, en le rendant plus sensible) que par le fait qu'elle réactive ses angoisses de mort. Dimitri n'a jamais trop compris ce qui avait emporté son papi, il se souvient qu'on a parlé de cancer, mais aussi d'infections avec des bactéries présentes sur sa peau… Elles s'associent à d'autres angoisses. Celles qui sont liées au réveil de pulsions érotiques (Dimitri est précoce pour son âge, ce que souligne sa grande taille, et, dans sa classe, des redoublants ont entamé leur puberté ; ils parlent à mots couverts de choses sexuelles qui l'intriguent énormément, l'attirent et le dégoûtent à la fois). Tout cela suscite sa culpabilité, il éprouve en particulier la culpabilité de penser (et d'en avoir envie) à des choses « sales », dont il faut se laver, au risque d'en être puni et de tomber malade.

L'inhibition

Elle se traduit par un enfant en retrait, parfois extrêmement craintif, il n'ose pas prendre la parole, a peu d'amis à l'école ou dans le voisinage, joue rarement, préférant des activités solitaires ou avec les plus jeunes de sa fratrie.

L'inhibition peut être relationnelle, et se présente sous les traits d'une timidité maladive. Elle s'accompagne alors fréquemment de phobie sociale d'intensité variable. Derrière la terreur d'être interrogé par la maîtresse (même si les devoirs sont faits ou la leçon connue sur le bout des doigts), ou le désintérêt quant

aux jeux des autres enfants, se développe la crainte du jugement ou du regard des autres. Elle peut également affecter la dimension intellectuelle ou cognitive. On parle d'inhibition psychique. Elle concerne des enfants d'intelligence normale, mais dont les freins psychologiques ne leur permettent pas d'apprendre correctement. Cela touche des domaines pédagogiques particuliers, où l'aspect affectif joue souvent un rôle important, comme la lecture ou les activités d'expression, alors que d'autres champs (calcul, écriture) ne sont pas affectés.
Un souci majeur est que ses enfants, effacés, dans leur coin, se font oublier des adultes, et cette situation passe d'autant plus inaperçue qu'en dehors de circonstances qui les mettent mal à l'aise, ils ne présentent pas de problème particulier, notamment à la maison où ils donnent le change. À long terme, ils courent le risque d'être exclus par les camarades de classe, voire victimisés par les autres. De même que leurs difficultés scolaires, mal interprétées et en conséquence prises en charge de façon peu adaptée, risquent de s'aggraver.
Un des facteurs en cause est sans doute une mise au repos des pulsions telles qu'elles s'observent au cours de ces années d'enfance, et dont nous développerons les processus dans le chapitre suivant. Dans le cas de l'inhibition, il semblerait que cela se fasse de façon excessive et l'investissement externe et socialisé, qui se porte notamment sur l'école et les différents champs relationnels, s'en trouve affecté.

Arrête de te ronger les ongles !

L'onychophagie, c'est le nom savant pour désigner le fait de découper avec les dents de petites rognures de ses ongles, affecte de nombreux enfants (de 10 à 30 %), et persiste également chez certains adultes. Il ne s'agit bien sûr en aucun cas d'une maladie, mais les questions d'hygiène (lorsque des

doigts sales sont portés à la bouche ou que des irritations ou des infections surviennent), son caractère inélégant au regard de l'entourage, les atteintes esthétiques qui en sont les conséquences, en font souvent un comportement vivement combattu par les parents. L'enfant, qui plus est, n'en éprouve généralement aucune gêne (ce n'est qu'à l'adolescence, souvent pour des raisons esthétiques ou d'affirmation de soi, qu'il peut commencer à en ressentir de la honte).

L'onychophagie concerne surtout des enfants anxieux, actifs, et sa fonction est probablement d'apaiser les tensions internes. Elle associe dans ce geste à la fois le plaisir de la succion du doigt (apaisante, comme chez le bébé) et la contrainte, avec une charge autoagressive, voire punitive, que provoquent les lésions qu'elle cause et la réaction de réprobation qu'elle suscite chez les parents.

Face à cela une attitude rassurante, attentive mais compréhensive, aura donc davantage d'effet, que des réactions d'interdiction fermes ou agressives, qui risquent de renforcer le symptôme. En cas de manifestations vraiment importantes, à l'origine de lésions invalidantes, on peut proposer des activités de relaxation ou des sports qui favorisent la détente et mobilisent les mains (poterie, piscine...).

La dépression infantile

Il paraît difficilement envisageable que les enfants, qui n'ont pas les soucis des adultes, puissent déprimer. Et pourtant, c'est une réalité aujourd'hui bien connue, et de fait, mieux diagnostiquée et prise en charge de façon plus adaptée.

Tous les enfants sont soumis à des fluctuations de leurs humeurs. Cela aussi participe de leur développement affectif. De façon naturelle, nos émotions sont soumises à des variations influencées par des facteurs extérieurs ou intérieurs, autant biologiques que psychologiques. Confronté à un événement triste ou douloureux, qui provoque un sentiment de perte ou de deuil, l'enfant peut développer un épisode dépressif. Il peut s'agir d'une perte réelle (le décès d'un grand-parent, ou d'un animal familier, qui, dans ce cas, peut sembler anodin aux yeux des parents) ou plus symbolique (la séparation du père et de la mère, un déménagement, l'éloignement d'un copain de classe). Selon la façon dont il a géré précédemment d'autres épisodes délicats de sa toute petite enfance, en particulier en fonction de ses capacités propres, de sa personnalité, de l'accompagnement de ses parents, il va surmonter cette épreuve plus ou moins facilement. C'est l'intensité des symptômes, la durée du phénomène et les difficultés à en sortir qui signent la maladie dépressive.

L'expression de la tristesse

À cet âge, l'expression des troubles est différente de chez l'adulte. C'est moins la tristesse qui émerge que son retentissement ou les tentatives de l'enfant pour ne pas se laisser happer par le sentiment dépressif. On parle alors de conduites de lutte contre les affects dépressifs. Cela se traduit par des symptômes variés, parfois contradictoires. Les perturbations du comportement sont au premier plan, qu'elles prennent l'aspect d'un ralentissement et d'une inhibition à la fois motrice et psychique (l'enfant s'isole, il est anormalement calme, peu expressif, voire indifférent) ou à l'inverse, d'une agitation excessive, marquée par une instabilité inhabituelle, où dominent les conduites opposantes ou agressives. Ce que souligne le discours des parents : « on ne le reconnaît pas, il bouge tout le temps... », « il est agressif, coléreux... », « on ne peut rien lui dire, il s'énerve pour un rien... », « il dit toujours non ». Les propos de l'enfant sont quant à eux plus en rapport avec une perte d'estime de lui-même (« je suis nul ... », « j'y arriverai jamais... » avant même que soit tenté quoi que ce soit, ou « personne ne m'aime » qui traduit bien un sentiment de perte d'amour), un sentiment de culpabilité («je suis méchant», ou de façon plus indirecte: «c'est pas de ma faute...»), même si des phrases comme «je m'ennuie, j'en ai marre...» peuvent aussi exprimer plus directement la tristesse. D'autres troubles sont observés concernant l'appétit, qui peut se trouver diminué (chez les plus jeunes entre 6 et 7 ans) ou augmenté chez les 8-12 ans (comportements boulimiques ou grignotages excessifs). Le sommeil est souvent perturbé, il est difficile à trouver, opposition et refus de se coucher ne le favorisent pas et aggravent les relations avec les parents. Les cauchemars sont fréquents, à l'origine ou non de réveils nocturnes, et renforcent le tableau d'une forte charge d'angoisse. Cette composante anxieuse se retrouve dans les manifestations somatiques également présentes, comme les maux de ventre ou de tête. L'état émotionnel est chaotique: l'enfant alterne des moments de quête affective intense («il fait le bébé» dit une maman pour décrire ces périodes de régression infantile), avec des attitudes de prestance, de colère ou de refus relationnel. Ces oscillations de l'humeur sont souvent mal perçues par l'entourage, qui ne comprend pas qu'il puisse passer d'un état de prostration à la maison, à une excitation débordante lorsqu'il est avec ses copains, et elles sont perçues comme des «caprices». De ce fait, le diagnostic est souvent posé tardivement.

En l'absence de traitement, ou devant la persistance des facteurs déclenchants, l'évolution tend le plus souvent vers une aggravation des troubles. Ceux-ci risquent de perturber les acquisitions propres à cet âge, à la fois sociales, notamment en ce qui concerne l'autonomisation dans la vie quotidienne et le développement des relations amicales, et bien évidemment scolaires, car l'inhibition psychique freine à la fois les apprentissages et le développement même de l'intelligence.

4

Ça déraisonne

Troubles des conduites et du comportement

La raison du meilleur est toujours la plus forte.

Victor Hugo

Les chapitres précédents le soulignaient : l'entrée à l'école et l'inscription dans les apprentissages représentent un aspect fondamental de l'âge de raison. Parallèlement, les conflits psychoaffectifs associés au processus œdipien s'apaisent et ne génèrent plus de troubles spécifiques. Les motifs de consultation chez le pédopsychiatre sont donc à cet âge le plus souvent liés à des difficultés scolaires. Les points d'appel sont divers, en fonction des symptômes et surtout des répercussions qu'ils peuvent avoir. Aussi, les raisons les plus souvent évoquées correspondent avant tout au plus manifeste : troubles du comportement, instabilité et « hyperactivité » lorsqu'ils s'expriment à l'école et qu'ils retentissent autant sur l'enfant et ses possibilités de suivre les enseignements et d'apprendre que sur le reste de la classe. Enfin, la précocité intellectuelle peut poser question : l'enfant surdoué, paradoxalement, rencontre parfois lui aussi des écueils dans le domaine de sa scolarité. D'autre part, un certain nombre des conduites de l'enfant ne se définissent que dans les rapports à l'autre. Mensonges, vols, petits délits constituent des conduites socialisées. Ces comportements s'ils peuvent être critiqués ou jugés selon des critères de morale ou de justice ne sont pas pour autant toujours pathologiques. Certains, comme le mensonge ou le vol, par exemple, peuvent même traduire, comme nous le verrons, un processus de maturation progressive de l'enfant ; d'autres, comme le racket, nécessitent un rappel à la loi.

L'influence des modifications familiales

L'enfant de l'âge de raison, dont l'univers s'élargit à celui de l'école, des copains, des différents lieux où il est amené à vivre de nouvelles expériences, a besoin de conserver certains repères. Toute modification de la structure familiale, dissociation, rupture, changement de lieu de vie peuvent en l'occurrence le perturber.

Certes, il ne faut pas présager systématiquement des catastrophes pour l'avenir de l'enfant si de telles situations doivent survenir, mais il ne faut pas pour autant les négliger. Les conséquences bien souvent se portent sur l'école : troubles du comportement, fléchissement scolaire…

Différents facteurs interviennent : la nature de la rupture (divorce ou séparation, décès d'un parent…), le caractère brutal ou prévisible, le contexte (en cas de conflit ou de violence dans les rapports parentaux, l'enfant le vivra d'autant plus douloureusement qu'il en est témoin, ou pris à partie).

Quel que soit le contexte, quelques règles sont toujours de mise. Il s'avère utile de préserver, tant que faire se peut, l'enfant de préoccupations qui ne concernent que les adultes. Il n'est, par exemple, pas indispensable de lui raconter dans les détails vos désaccords ou vos problèmes professionnels (à l'origine du déménagement éventuel). Cela ne signifie pas le tenir en dehors de tout, mais faire la part de ce qu'il peut intégrer et qui le concerne au plus près.

On déménage !

Tous les changements dans la vie de l'enfant de cet âge, soucieux de pérennité, peuvent être vécus comme une révolution. C'est essentiellement le fait de perdre ses camarades de classe qu'il redoute le plus. Dans cette période où l'école est primordiale, le tissu relationnel que constituent les copains est à la fois le gage de sa bonne intégration scolaire et un creuset où il peut puiser son assurance. Parallèlement, il pressent plus ou moins consciemment que ses habitudes familiales, le confort de sa chambre, ou ses activités extrascolaires sont moins menacées et qu'il pourra les recréer quel que soit l'endroit où ses parents et lui emménageront.

Aussi, il est important de le prévenir et de le préparer à ce changement. Cependant, cela doit se faire à un moment bien choisi. Inutile de le tenir au courant des mois à l'avance, avant, par exemple, de connaître votre nouveau lieu de résidence ou l'école qu'il va fréquenter. L'informer trop précocement n'aurait pour conséquence que d'augmenter la durée de son anxiété. N'attendons pas non plus la veille du grand départ pour le faire : il aurait l'impression d'être tenu à l'écart, relégué au même rang que les cartons préparés en catimini. L'enfant pressent lorsque des choses se trament à son insu et peut le vivre comme une menace (« si maman ne m'en parle pas, c'est que c'est très grave… »). Lorsque la date est à peu près fixée, que l'adresse de l'école du quartier où l'on a élu domicile est précisée, on peut en revanche organiser une visite, prévoir une rencontre avec la nouvelle institutrice. Ce premier contact, avant la rentrée définitive, s'avère toujours rassurant. La curiosité éveillée chez les enfants qui découvrent un nouvel élève est flatteuse et favorise généralement une bonne intégration.

Les difficultés scolaires

Les difficultés scolaires recouvrent différents domaines. Il peut s'agir de troubles dans les apprentissages. Ces derniers peuvent être affectés soit de façon spécifique, soit dans leur globalité. Parfois, le problème siège dans le rapport direct que l'enfant entretient avec l'institution elle-même, l'école, en particulier dans le malaise que génère le simple fait de s'y rendre : on parle alors de « phobie scolaire ».

Les troubles spécifiques des apprentissages

Ils touchent de façon élective un type d'apprentissage précis : cela peut concerner uniquement la lecture par exemple, l'écriture ou le calcul, sans affecter les autres domaines.

Ce problème concerne tout particulièrement l'enfant de l'âge de raison, inscrit dans les classes des premiers apprentissages scolaires CP, CE1, CE2.

La dyslexie se caractérise par des troubles dans l'acquisition de la lecture. Bien souvent, c'est la perception du langage écrit selon ces deux modes d'expression qui est touchée : à la fois l'identification des signes graphiques, lettres, mots, ponctuation (c'est la lecture), mais également, dans un second temps, leur transcription c'est-à-dire l'écriture et, en particulier, l'orthographe. Dyslexie et dysorthographie sont donc généralement associées. Elles concernent 5 à 10 % des enfants scolarisés. Avant 7 ans, cependant, les fautes sont fréquentes et banales et ne doivent pas être confondues avec un trouble plus profond que l'on ne peut affirmer qu'après cet âge.

La dyscalculie correspond à un échec dans l'apprentissage du calcul ; elle est cependant plus rare que la dyslexie.

Dyslexie-dysorthographie et dyscalculie nécessitent le plus souvent une rééducation adaptée : l'orthophonie est proposée en première intention, mais la psychomotricité peut également être indiquée, en particulier dans certaines dyscalculies. Le travail proposé est notamment centré sur l'organisation du schéma corporel et les perceptions sensorielles au niveau digital, les manipulations de sériation, de groupement, autant d'outils qui interviennent dans ce type d'apprentissage.

Leur prise en charge précoce s'avère d'autant plus importante qu'elles comportent un risque non négligeable de provoquer, dans un second temps, des répercussions sur la scolarité dans son ensemble, et de favoriser en particulier une évolution vers l'échec scolaire.

Le retard et l'échec scolaire

Le programme scolaire prévoit une progression régulière de ce que l'enfant doit apprendre compte tenu de son âge et de la classe dans laquelle il est inscrit. Le fonctionnement en cycles (grande section de maternelle-CP-CE1 en constituent un) autorise une certaine souplesse en fonction des dispositions de chaque enfant. Cependant, lorsque les apprentissages sont affectés de façon importante dans leur globalité, l'enfant qui ne suit pas au même rythme que les autres accumule un retard qui nécessite un maintien dans la même classe afin de lui permettre d'apprendre ce qu'il ne maîtrise pas encore. Lorsque le retard scolaire est supérieur à deux années, on parle « d'échec scolaire ». On le distingue du « fléchissement scolaire » qui correspond à une dégradation des résultats, après une période où les apprentissages se faisaient sans soucis apparents.

Les raisons de l'échec scolaire s'avèrent être multiples et parfois complémentaires :

– L'efficience intellectuelle joue un rôle. Une intelligence trop inférieure à la moyenne, on parle de « déficience mentale », limite à l'évidence la progression scolaire. Cependant, en fonction des stimulations dont l'enfant peut bénéficier, elle ne rend pas systématiquement les apprentissages impossibles notamment en ce qui concerne ceux de l'école primaire.
– Le refus scolaire se manifeste de façon variable selon l'enfant, le contexte familial et scolaire. Tantôt sous la forme d'une opposition active, bruyante, l'enfant ne veut pas aller à l'école, fait des colères ou, lorsqu'il y est, refuse de répondre, s'agite ou manifeste des attitudes de bouderie. Tantôt l'opposition est plus calme, l'enfant est silencieux, mais il ne participe pas à l'activité de la classe, il est comme absent psychiquement. Plusieurs facteurs se retrouvent parfois : des exigences parentales excessives que l'enfant n'arrive pas à assumer et qui favorisent un rejet massif, une impossibilité à intégrer les règles et les interdits qu'impose l'école, un complexe d'Œdipe non résolu qui enferme l'enfant dans des relations ou trop fusionnelles, ou de rivalité avec l'un de ses parents et ne permettent pas l'investissement des apprentissages.
– L'inhibition scolaire diffère des tableaux précédents dans le fait que l'enfant présente une intelligence tout à fait normale et désire véritablement apprendre. Mais il est incapable de se concentrer ou de retenir la leçon. Cela peut occasionner une douleur psychique d'autant qu'elle se conjugue à l'incompréhension de l'enfant lui-même et de son entourage. Cette inhibition procède dans certains cas de conflits psychiques névrotiques : le désir d'apprendre est associé à la pulsion voyeuriste, comme si le plaisir d'apprendre équivalait à un plaisir sexualisé. Il en devient alors très culpabilisant et donc refoulé. Cela survient probablement en raison de mécanismes de sublimation qui ne sont pas encore efficaces (comme l'encadré « la

curiosité est un joli défaut» le précise ultérieurement). Dans d'autres situations, le savoir est perçu comme un pouvoir qui place l'enfant en concurrence avec le père; cette rivalité non assumée ni dépassée, paralyse littéralement ses pensées et l'empêche d'apprendre.

Le retard et l'échec scolaire justifient de prises en charge adaptées, tant sur le plan pédagogique que dans le cadre d'un suivi spécialisé. L'école propose des outils qu'il est judicieux de mettre en place le plus précocement possible, soutien scolaire, réseau d'aides, auxquels il sera parfois nécessaire d'adjoindre une rééducation spécifique (orthophonie, psychomotricité). Enfin, un accompagnement psychologique, pour l'aider à sortir du sentiment d'échec ou le dégager d'une problématique névrotique, est également envisageable.

L'enfant peut éprouver des difficultés dans le milieu scolaire sans qu'elles soient directement en lien avec les apprentissages. C'est le cas, par exemple, des manifestations anxieuses qui se répercutent sur l'école, comme l'angoisse de séparation ou la phobie scolaire.

L'angoisse de séparation

Au moment de quitter leurs parents pour rejoindre la classe, certains enfants vont exprimer une angoisse importante, en pleurant, en s'agrippant aux adultes qui les accompagnent, en leur suppliant de ne pas les abandonner… Ces manifestations concernent plus fréquemment les rentrées scolaires importantes : la première année de maternelle ou, pour les enfants de l'âge de raison, le CP. Le contexte familial joue parfois un rôle, selon l'anxiété plus ou moins consciente que renvoient les parents ou la pression dont on charge l'événement. « Alors, ça y est, tu entres à la grande école », « cette fois c'est sérieux, il va falloir apprendre à lire et à écrire »... Certains enfants, en fonction de leur sensibilité, de leur désir encore très fort de ne pas décevoir l'entourage, peuvent développer une grande appréhension. Pour d'autres, il s'agit davantage d'une difficulté à se séparer de maman et du sentiment d'être perdu dans un univers inconnu et hostile. Il n'est pas rare de retrouver chez ces derniers des difficultés d'endormissement qui représentent, dans une certaine mesure, une autre forme de séparation. Ces manifestations sont à distinguer de la phobie scolaire avérée en cela qu'elles sont transitoires, ne durant généralement que les premiers jours. Elles nécessitent de rassurer l'enfant, notamment sur la certitude qu'il y aura quelqu'un pour le récupérer après l'école, que les parents ont confiance en l'enseignant. « Parce que je ne peux pas moi-même t'apprendre tout ce qu'il est nécessaire que tu connaisses, je te confie à quelqu'un dont c'est le métier » peut être en substance le message qu'on lui transmet. Il est important d'une façon générale, mais plus encore ces premiers jours, d'être à l'heure à la sortie des classes, ou de prévenir en cas de retard.

La phobie scolaire

Elle consiste en une impossibilité psychologique à aller à l'école, qui aboutit à un absentéisme durable et grave. Elle se distingue de l'école buissonnière ou du refus scolaire par le fait que l'enfant ne fait preuve d'aucune mauvaise volonté. Il conserve le désir de se rendre en cours, mais le moment venu, il se met à somatiser : il a mal au ventre ou à la tête, a des nausées, une boule dans la gorge, des difficultés à respirer. Les manifestations vont croissant au fur et à mesure qu'il se rapproche de l'établissement.

La phobie peut apparaître de façon soudaine, déclenchée par un événement qui perturbe un fonctionnement habituel a priori sans particularité. Une maladie peut être en cause, qui maintient l'enfant à la maison, une hospitalisation, qui le sépare de son milieu habituel ou un incident survenu à l'école. Parfois, elle se constitue de façon progressive : rester en classe devient de plus en plus difficile et les séjours à l'infirmerie se multiplient, le plus souvent pour des malaises identiques à ceux évoqués précédemment ; puis, la crainte d'être à nouveau malade rend angoissant le retour en classe, l'entrée dans l'école, et peut aller jusqu'au simple fait de sortir, de quitter la maison.

La phobie scolaire concerne plus fréquemment l'enfant à partir de 8/9 ans, autant les filles que les garçons, et toucherait environ 1 à 3 % de la population des enfants scolarisés.

Dans les facteurs favorisant, on retrouve fréquemment une dépendance accrue aux parents, sans pour autant suffire à justifier le trouble. L'enfant présente rarement des difficultés scolaires ou d'apprentissage à proprement parler, il est au contraire souvent très studieux, bon élève et exigeant avec lui-même. La veille, il est fermement décidé à y aller. C'est le moment venu que l'angoisse pointe son nez avec les symptômes précédemment décrits : peur de sortir et anxiété croissante au fur et à mesure que l'école se rapproche. Le « chemin de l'école » finit par devenir lui-même un élément phobogène.

Tout ce qui représente l'école peut générer la phobie. La rencontre avec les autres élèves réveille la peur de la confrontation ou des comparaisons, le regard de la maîtresse, celle d'être interrogé. L'enfant imagine tout ce qui pourrait arriver et qu'il ne pourrait pas contrôler (être malade, vomir, avoir la diarrhée...).

Dans les formes les plus graves, les angoisses augmentent au point que l'enfant ne peut se sentir rassuré qu'à la maison ou dans le milieu familial. Des bénéfices secondaires peuvent naturellement en découler : les réaménagements qui se mettent en place pour éviter que ne se manifeste la phobie entraînent des agréments qui rendent le trouble plus supportable, mais ne le règlent pas. L'entourage se fait plus prévenant, l'inquiétude des parents renforce leur tolérance et leur propension à accepter les moindres désirs de l'enfant, la protection accrue dont celui-ci bénéficie favorise parfois des régressions, il redevient le « bébé » de ses parents.

Une prise en charge spécifique s'avère souvent nécessaire pour éviter une évolution défavorable : l'enfant s'isole, se déscolarise, et, à long terme, peut subir un retard scolaire d'autant plus douloureux à vivre qu'il était auparavant bon élève et que la réussite scolaire est importante à ses yeux et à ceux de ses parents. Des sentiments de honte, de dévalorisation, d'incompréhension ou de découragement tardent rarement à l'envahir et peuvent faire le lit d'une dépression secondaire ou de troubles du comportement : colères, fugues, conflits avec les parents, en particulier lors de tentatives de réintégration scolaire forcées ou maladroites.

Selon l'intensité des troubles anxieux, les bénéfices secondaires qui favorisent une résistance inconsciente aux différentes mesures mises en place, le suivi se révèle parfois long. Les soins associent souvent une psychothérapie et/ou des thérapies comportementales, un traitement médicamenteux de l'anxiété et de la dépression lorsqu'elles se sont avérées ; parfois, l'hospitalisation est nécessaire : elle permet les bilans et la mise en route d'un traitement anxiolytique, l'amorce des soins psychothérapiques. Elle rend également possible la rupture avec le fonctionnement délétère par une séparation des milieux familial et scolaire, condition nécessaire à une reprise de nouvelles habitudes après l'hospitalisation.

L'enfant agité, agressif, hyperactif

L'agitation est un motif de plus en plus fréquent de consultation. Sur l'insistance des enseignants qui trouvent l'enfant ingérable en classe ou trop perturbateur, sur les conseils de l'entourage ou parce que les parents n'arrivent pas à bout de son instabilité et ont de plus en plus de mal à se faire obéir, un certain nombre d'enfants atterrissent dans le cabinet d'un pédopsychiatre ou d'un thérapeute.

L'hyperactivité est-elle une maladie ?

La question se pose d'autant plus aujourd'hui que certaines classifications des troubles psychiques de l'enfant isolent une entité pathologique particulière : « l'hyperactivité avec troubles de l'attention et de la concentration » pour laquelle sont proposés, entre autres remèdes, des traitements médicamenteux. Les médias (documentaires ou émissions de débats télévisés) se font le relais de ces questionnements et il n'est pas rare que les parents inquiets consultent avec cette demande : « Mon fils est-il hyperactif ? Doit-il être traité avec ce nouveau médicament dont tout le monde parle ? »
Il convient donc de bien préciser ce que recouvrent ces symptômes c'est-à-dire, tout à la fois, de les décrire et de cerner les causes éventuelles à l'origine du trouble.
L'agitation et les comportements agressifs n'attendent pas l'âge de latence pour se manifester. C'est même souvent plutôt une période où le petit enfant turbulent qu'il était (en particulier à 2 ou 3 ans, période « normale » d'agitation et d'attention labile où la motricité est physiologiquement explosive), déchargé de conflits œdipiens qui trouvent leur résolution, s'apaise. Son agitation se calme peu à peu. Il est capable de canaliser ses

pulsions agressives. Chez certains, cependant, l'agressivité reste difficile à maîtriser. Cela touche plus souvent les garçons (60 à 80 % des consultations pour troubles du comportement). Il convient de distinguer les symptômes concernant davantage la dimension motrice (« il ne tient pas en place », « c'est une vraie pile électrique »), de ceux qui traduisent un déficit d'attention (« il n'écoute pas ce qu'on lui dit », « il est toujours tête en l'air »), ou encore de savoir si l'agressivité occupe le centre des préoccupations (« il ne peut pas jouer tranquillement avec ses camarades de classe », « ses jeux sont violents », « il embête les filles, leur tire les cheveux »). Bien souvent, ces différents symptômes s'associent dans un ensemble complexe où la réaction de l'entourage interfère également avec la multiplication des punitions et l'escalade des violences relationnelles ou, à l'inverse, la démission des adultes et l'installation d'une situation chronique que rien ne semble pouvoir modifier.

Aux origines de l'hyperactivité

Les facteurs de causalité sont à rechercher dans l'environnement de l'enfant (ce sont les causes externes), son histoire personnelle et dans ce qui l'affecte psychologiquement (ce sont les causes internes).

Parmi les causes externes, il convient de mettre en exergue la violence environnante dont l'enfant peut se faire le porte-parole : éducation familiale trop rigide, conflits fraternels, discorde dans le couple parental, violence transgénérationnelle (les ressentiments exprimés ou sous-jacents qui existent entre parents et grands-parents), agressivité des autres enfants de l'école, maltraitance éducative…

Il peut parfois s'agir d'un état réactionnel à un traumatisme ou à une situation anxiogène (séparation, divorce des parents, maladie ou décès d'un proche). À l'âge de raison, le recours au langage, par le biais des questions posées et des réponses en retour, est le moyen privilégié pour évacuer les tensions que génère une situation difficile. Mais dans certains cas, notamment lorsque les circonstances placent l'enfant dans une difficulté à dire les choses, le recours au passage à l'acte, à l'expression motrice de ces difficultés psychiques, est alors le moyen privilégié pour le faire.

Certes, la question d'un caractère plus vif de nature congénitale se pose. Chaque enfant vient au monde avec un tempérament qui lui est propre et il est incontestable que certains enfants sont plus « toniques » que d'autres ; la tolérance de l'entourage (exigences excessives, faibles capacités à transiger) peut alors favoriser l'installation d'un fonctionnement instable réactionnel. Une image illustre simplement ce processus : celle d'un ressort que l'on voudrait maintenir en permanence comprimé. Dès que se relâche la force qui s'exerce sur lui, il se détend forcément afin de reprendre sa forme initiale – et l'on ne peut pas éternellement maintenir cette pression sans en ressentir soi-même un épuisement. Or, plus la tension exercée est importante plus le ressort risque de bondir vivement.

Ainsi, l'attitude et la tolérance des parents et de l'entourage jouent un rôle important pour éviter que ne se développe un engrenage où une trop grande rigidité favoriserait le renforcement des conduites de l'enfant.

Les conditions de vie ont aussi une influence lorsqu'elles s'avèrent peu favorables à l'épanouissement d'un équilibre relationnel entre l'enfant et son entourage : exigences scolaires, exiguïté des lieux de vie, rareté des espaces verts, des lieux de détente ou des aires de jeux…

La dynamique familiale peut peser dans les relations de l'enfant avec sa mère ou son père. Une mère proche de son garçon, mais dont la proximité se fait étouffante ou inconsciemment agressive, un père lointain ou disqualifié par la mère ou par le père lui-même dans sa relation avec son fils, ou qui manifeste une agressivité rudement exprimée à l'égard de cet enfant qu'il vit comme un rival sont d'autres cas de figure qu'il est possible de repérer lors des consultations pour troubles du comportement. Cette dynamique familiale, comme l'histoire personnelle ou les antécédents de l'enfant, ont un retentissement sur son développement psychoaffectif et il est pour cela déterminant de dissocier catégoriquement ce qui est du registre purement psychologique de ce qui serait dû à des facteurs uniquement externes.

Les causes internes sont donc multifactorielles et nombreuses. On pourra citer les sentiments de culpabilité névrotique, les troubles de l'humeur, où cohabitent anxiété, affects dépressifs, mésestime de soi… Les troubles du comportement, l'instabilité psychomotrice peuvent alors se comprendre comme un mécanisme de défense actif, maniaque, face aux sentiments d'angoisse dépressive ou d'abandon qui l'envahissent, à l'image du baigneur qui ne sait comment surnager et qui, pour éviter la noyade, s'agite lorsqu'il sent les flots le submerger.

L'association à d'autres affections psychologiques (énurésie, troubles du sommeil…) ou des troubles combinés en particulier de la scolarité (difficultés d'apprentissage ou d'intégration) ne sont pas rares. Les comportements agressifs, les réactions de prestance où l'enfant se conduit comme un petit adulte, souvent insolent, les conduites provocatrices ou dangereuses peuvent aussi être interprétés comme une recherche de sanction ou d'attention, en lien avec des doutes existentiels.

La réponse thérapeutique doit prendre en compte l'enfant et sa famille, c'est-à-dire, à la fois l'enfant dans son univers familial et le reste de son environnement, mais également les réactions de la famille face à l'enfant et l'attitude de ce dernier envers celle-ci. Ainsi, les punitions, la coercition, ou, à l'inverse, le laxisme, la complaisance sont à considérer en parallèle de l'attitude de l'enfant qui peut de son côté être soumis à sa peine, faire des crises extrêmes de pleurs ou de colère, ou se montrer résistant, tenant tête, ignorant la remontrance ou bravant, dans une attitude de prestance ou de provocation, les interdits des adultes.

Les propositions seront à adapter à chaque situation en fonction des possibilités de chaque famille : un réaménagement éducatif, un accompagnement parental, des conseils éducatifs aux parents et à l'école, un suivi psychothérapique de l'enfant, auxquels peuvent être associées des mesures spécifiques comme la relaxation, ou la pratique d'un sport qui a l'avantage de conjuguer dépense physique, apprentissage du respect des règles et du groupe dans un contexte ludique. Dans certaines situations extrêmes ou lorsque les mesures précédentes restent peu efficaces, il peut être envisagé une séparation du milieu familial, dans le cadre d'un internat classique ou thérapeutique.

Troubles déficitaires de l'attention et hyperactivité (TDAH)

L'hyperactivité (avec troubles déficitaires de l'attention) est une entité nosologique à distinguer de la simple agitation ou des troubles du comportement décrits précédemment. Selon les spéculations de chercheurs américains, elle serait en lien avec l'existence de lésions cérébrales minimes non décelables. L'hypothèse d'un déficit neurocérébral non étiqueté est née des études comparées avec les enfants ayant présenté des antécédents neuropathologiques (encéphalites infectieuses, intoxications ou traumatisme crânien) qui par la suite mani-

festaient des troubles du comportement et de la concentration avec une agitation et une inattention difficilement rééducables. Les termes de *minimal brain disease* ou *minimal brain dysfunction* étaient alors employés.
Ce qui la caractérise spécifiquement c'est l'association du trouble de l'attention et d'une hyperactivité ou impulsivité.

Le trouble de l'attention Il se définit comme une faible capacité à se concentrer. L'enfant est en permanence distrait par tout et n'importe quoi et ne peut se fixer sur une tâche, organiser ou finir une activité, tant il passe de l'une à l'autre sans pouvoir se poser, même lorsqu'il s'agit de quelque chose qu'il aime bien ou qui semble l'intéresser. « Il regarde les mouches voler » note la maîtresse, « il papillonne », « il est tout le temps perturbé, même devant la télé » confirment les parents…

L'hyperactivité et l'impulsivité qui lui sont associées se traduisent par une agitation incessante et excessive pour l'âge. Le jeune garçon est incapable de se poser, il est tout le temps en mouvement au point de ne pas pouvoir rester assis ou immobile : en classe, comme à table pour déjeuner, il se balance sur sa chaise, se lève pour aller jeter quelque chose à la poubelle ou remplir son verre au robinet, et quand on lui intime l'ordre de ne plus bouger, il ne peut s'empêcher de tripoter ce qui se présente à ses doigts ou d'agiter ses jambes.

Dans la rue, il traverse sans attendre et sans regarder, dans le bureau du médecin, il ne tient pas en place… À l'école, ses interventions soudaines, impromptues et inadaptées, notamment en classe lorsqu'il est incapable d'attendre son tour ou de lever le doigt, ou en récréation, lorsqu'il manifeste de la colère ou une agressivité inattendue sont autant d'exemples de son impulsivité que vient renforcer sa difficulté à respecter les règles.

Certains signes peuvent s'associer, comme des difficultés scolaires, relationnelles, ou intellectuelles. Ce dernier point est à nuancer, car les troubles de l'attention et de la concentration rendent difficile l'interprétation des tests qui sont utilisés pour quantifier son intelligence (les résultats sont sûrement moins bons qu'ils le seraient si l'enfant arrivait à bien se concentrer). Le trouble est le plus souvent repéré vers 7 ans, alors que la scolarisation prend de l'importance et que les manifestations retentissent sur l'intégration scolaire et sociale. Cette constatation pourrait le classer dans les affections propres à l'âge de raison. Dans les faits, on retrouve fréquemment des antécédents bien plus tôt, que les parents décrivent comme des difficultés qu'ils pensaient transitoires, liées à la personnalité ou au (mauvais) caractère de l'enfant.
La prévalence à l'âge scolaire est d'environ 4 % avec une prédominance des garçons par rapport aux filles (cinq pour une).

L'association avec d'autres troubles psychologiques On parle alors de « comorbidité », en particulier avec des troubles des conduites, des troubles oppositionnels avec provocation, des troubles anxieux, ou encore des troubles de l'humeur de nature dépressive pose un problème théorique et pratique. S'agit-il d'abord d'un syndrome d'hyperactivité avec déficit de l'attention auquel viennent s'ajouter secondairement d'autres difficultés ou de manifestations réactionnelles à un trouble psychologique, anxieux ou dépressif qui nécessiteraient une prise en charge spécifique ? Il n'existe pas d'examen ou d'exploration complémentaire permettant d'affirmer le diagnostic qui repose uniquement sur l'évaluation clinique. On utilise pour cela, en plus des éléments recueillis au cours des entretiens avec l'enfant et sa famille, des questionnaires d'évaluation – l'échelle de Conners, l'échelle de Swanson par exemple. Mais aucune exploration neurophysiologique (Électroencéphalogramme ou EEG), neuroradiologique (scanner ou IRM), neuroendocrinologique (bilan sanguin hormonal) ou génétique, ne peut venir confirmer une étiologie précise.

La Ritaline® en débats

La question du diagnostic est très importante puisqu'elle peut justifier, parallèlement à la mise en place ou non d'un suivi psychologique, de la prescription d'un traitement médicamenteux. Il s'agit d'un psychostimulant d'origine amphétaminique (comme la cocaïne), le Méthylphénidate (Ritaline®), mais dont la prise régulière n'est pas exempte d'effets secondaires. Parmi ceux-ci, il faut en particulier mentionner des spasmes musculaires, des insomnies, des maux de tête, voire des vomissements, indépendamment de la perte d'appétit qu'il entraîne également, notamment au début du traitement, plus précisément à l'heure de midi où son activité est à son paroxysme. Un bilan somatique régulier est recommandé car il peut avoir un impact sur le foie et le cœur. Enfin, ce médicament provoque un retard de croissance mais ce dernier est généralement rattrapé à l'adolescence. Certains chercheurs mettent en garde contre le risque d'accoutumance que l'on peut rencontrer avec ce type de molécule, d'autant que la prescription court sur une longue durée et concerne un patient jeune. Pour éviter ces inconvénients, les neuropédiatres préconisent des « fenêtres thérapeutiques », c'est-à-dire des périodes d'abstinence au traitement quand l'enfant ne va pas à l'école, pendant les week-ends ou les vacances. Le danger que l'enfant devienne un adulte toxicomane ne semble pas se confirmer d'après des études américaines menées depuis l'instauration du traitement. À l'inverse, certaines recherches mettent en avant le fait que les enfants atteints de troubles de l'attention et d'hyperactivité non traités s'exposent davantage au risque de devenir des adolescents puis des adultes consommateurs de cocaïne ou de drogues équivalentes.

La controverse qui entoure la prescription de ce médicament est donc tout à la fois liée à ses effets secondaires loin d'être anodins, à la crainte d'une utilisation de « confort » pour satisfaire la demande de parents exténués ou d'enseignants débordés, et aussi à l'incertitude sur ses effets à long terme.

L'enfant précoce ou surdoué

Cela ne constitue pas, bien sûr, une pathologie en soi, mais les spécificités de l'enfant surdoué peuvent lui causer des soucis secondaires, qui, eux, nécessitent une attention particulière.

Les critères retenus pour définir la précocité sont variables. Le QI (quotient intellectuel), qui mesure les capacités intellectuelles, met en évidence un niveau élevé de performance, significativement supérieur à la moyenne des enfants d'une même population (même tranche d'âge, même époque, milieu culturel identique). La plupart des spécialistes considèrent qu'il doit être supérieur à 135-140, ce qui concerne entre 2 et 5 % de l'ensemble des enfants en âge d'aller à l'école, avec une forte proportion de garçons.

Un autre indice réside dans l'intérêt et l'apprentissage spontané que l'enfant manifeste dès 4 ou 5 ans, sans que cela soit favorisé par une pression familiale ou toute situation où les apprentissages se révèlent excessifs et précoces. Ces dernières ne concourent qu'à encourager des enfants hyperstimulés, surdoués en apparence, mais dont les capacités s'estompent avec le temps lorsque leurs compétences rejoignent ou sont rattrapées naturellement par celles de leurs camarades. L'appétence et les compétences ne portent pas exclusivement sur des domaines purement intellectuel et scolaire, elles peuvent concerner également les secteurs artistique et créatif, les habiletés motrices et sportives.

Paradoxalement, enfant surdoué ne rime pas de façon systématique avec excellent élève. Certains, en avance sur leur niveau, sautent des classes, d'autres à l'inverse connaissent des difficultés scolaires voire des situations d'échec.

Le petit surdoué souvent aime beaucoup lire et, ce qui va fréquemment de pair, a tendance à préférer la solitude et les jeux de construction qu'il réalise seul dans son coin.

Les difficultés de l'enfant surdoué

Cet enfant trouve difficilement sa place auprès de ceux de son âge : son développement intellectuel, ses centres d'intérêt et ses goûts le poussent naturellement vers des enfants plus âgés, mais parallèlement, sa maturité physique et affective le maintient proche de ceux de son âge, voire des plus petits. Cela engendre un sentiment d'inadaptation, une difficulté à trouver ses marques auprès de ses pairs, qui eux-mêmes ont parfois du mal à le comprendre. Ce déséquilibre peut se ressentir au sein de la famille où les exigences des parents peuvent être contradictoires. Le considérant comme un adulte eu égard à l'intelligence de ses remarques, ils toléreront mal ses attitudes de « bébé » ou ses bêtises d'enfant, sans pour autant lui accorder la confiance qui va de pair.

On retrouve également ce déphasage du point de vue psychologique : l'enfant surdoué intellectuellement n'est pas forcément en avance sur le plan psychomoteur : alors que l'apprentissage

précoce de la lecture dès 4 ou 5 ans représente un vrai plaisir, son niveau de maturité motrice ne lui permet pas (encore) l'apprentissage de l'écriture : sa maladresse et le sentiment d'échec qu'il en retire causent un rejet vis-à-vis des modes d'expression écrite.
Ces décalages psychologiques et affectifs expliquent ainsi les difficultés scolaires qu'un certain nombre d'entre eux subissent, car ils affectent les deux piliers sur lesquels s'appuient pour beaucoup les apprentissages et l'investissement scolaires : le tissu amical et le support écrit.

Il ment comme il respire...

Quitte à décevoir quelques parents encore naïfs, déclarons-le d'emblée : tous les enfants mentent (mais les adultes ne sont pas en reste) ! Et plus encore : le fait de mentir est un élément essentiel pour l'harmonie de leur développement mental. C'est même presque vital, comme le souligne l'expression commune « mentir comme on respire ».

À quoi sert de mentir ?

Dès 3 ou 4 ans, l'enfant qui s'approprie le langage découvre la possibilité de ne pas tout dire, puis le plaisir d'inventer des histoires, c'est-à-dire de formuler ce qui n'est pas. Il ne fait cependant pas encore la différence entre le mensonge, le jeu de « faire semblant » et la fabulation. C'est véritablement à l'âge de raison, après 6 ou 7 ans, avec l'acquisition des valeurs sociales et morales, qu'il réalise à quoi correspond le mensonge, notamment dans sa dimension intentionnelle (vers 8 ans). S'établit ainsi la distinction entre les dyades « vérité/erreur » et « vérité/mensonge ». Auréolé d'une valeur morale positive, le fait de dire la vérité, qui renforce l'estime de soi et favorise la reconnaissance des autres, sera progressivement un choix prioritaire. Ce qui ne rime pas pour autant avec le fait de renoncer, définitivement, au mensonge. Car ce dernier a plusieurs fonctions importantes.

Le mensonge compensatoire Il permet notamment à l'enfant d'acquérir progressivement l'assurance que ses pensées, et avec elles tout son monde imaginaire, fantasmatique et intime, n'appartiennent qu'à lui. Cela ne va pas de soi pour le petit enfant qui reste longtemps persuadé que sa mère, si prompte à répondre à ses moindres désirs, possède un accès direct à son esprit. Ce que renforcent parfois certaines assertions comme « mon petit doigt me l'a dit », ou le hasard de situations où l'enfant, pris en flagrant délit, a l'impression que sa mère peut deviner ses intentions. Avec ces petits manquements à la vérité que les parents ne relèvent pas, il se rassure sur l'imperméabilité de son esprit. Penser ne présente donc aucun danger, même lorsqu'on a des idées que papa ou maman désapprouveraient ou dont on pourrait rougir si elles venaient à être dévoilées. Il découvre même une certaine « toute-puissance » de la pensée, puisqu'elle lui donne le pouvoir, par l'imaginaire, de se rassurer (en évoquant des souvenirs de réussite ou une personne de confiance), de se faire plaisir, de se consoler (en songeant à des choses agréables) ou de se venger (en se représentant, par exemple, qu'il arrive les pires catastrophes à l'objet de sa colère) et tout cela sans que personne n'en sache rien ! C'est ainsi qu'il s'invente aussi une famille extraordinaire, des exploits sportifs ou guerriers plus impressionnants les uns que les autres, dans des moments de rêverie dont la fonction est de renforcer ou, lorsqu'elle est défaillante, de générer une image positive de lui-même. Cela correspond au mensonge compensatoire. À cet âge, cette installation dans l'imaginaire est courante et naturelle, tant qu'elle ne devient pas envahissante. Jusqu'à 6 ans, cette tendance à la songerie peut même prendre des proportions importantes au point parfois d'inquiéter les adultes qui en sont les témoins. C'est le «roman* familial» que l'enfant se construit et dans lequel il est le fils ou la fille de parents hors du commun qui, pour de mystérieuses raisons, ont dû le confier à ceux qui s'occupent ordinairement de lui, c'est le double, frère tout-puissant ou ami invisible, avec lequel il dialogue sur sa vie, joue ou comble ses instants de solitude. Ces fabulations l'aident à élaborer son identité narcissique et participent ainsi à son développement affectif. Lorsqu'elles persistent au cours de l'âge de raison, sur ce mode ou avec cette intensité, elles peuvent, en revanche, traduire l'expression d'un mal-être de l'enfant, incapable de trouver en lui et dans son environnement un support psychoaffectif suffisamment serein et stable. Immaturité affective, incertitude identitaire, ou troubles plus profonds de la conscience de soi, ils justifient parfois, selon leur évolution, une prise en charge appropriée.

Le mensonge utilitaire Il n'a pas la fonction de contribuer au développement psychoaffectif comme le précédent. Il correspond plus directement à celui auquel chacun peut avoir recours. L'enfant va raconter des histoires pour en tirer un bénéfice, jouir d'une gratification ou échapper à une punition: il dissimule une mauvaise note pour ne pas se faire disputer ou enjolive le récit de ses exploits pour attirer l'attention de son entourage, intégrer la bande des caïds à la récré ou être récompensé par les adultes. L'attitude et les réactions de l'entourage sont déterminantes pour l'évolution de cette conduite somme toute assez commune. Des adultes inattentifs (ils ont mieux à faire que d'écouter les balivernes d'un enfant à l'imaginaire débordant…) ou trop indulgents risquent d'encourager la multiplication de mensonges de plus en plus invraisemblables, une attitude trop crédule (pour ne pas vexer le petit ange) également. Cependant, des positions excessivement rigoristes ou moralisatrices peuvent favoriser l'entraînement dans un système de défense où un mensonge peut faire suite à un premier afin de le justifier, dans une spirale où l'enfant risque de s'enfermer. Il est nécessaire de mentionner lorsque ce qui est dit ne nous paraît pas exact, ou lorsqu'un faisceau d'éléments assure le contraire. Mais est-ce un mensonge (volontairement formulé) ou une erreur ? L'attitude des adultes, et des parents en particulier, influence les conduites de l'enfant face au mensonge. Des parents avisés demandent ainsi à leur enfant : « Est-ce vraiment ce qui s'est passé ou est-ce que tu aurais aimé que cela se passe comme cela ? » Relever la fabulation tout en favorisant des « portes de sortie » permet à l'enfant de comprendre l'inutilité du mensonge et de se corriger. Cela souligne que l'on n'est pas dupe sans pour autant lui faire perdre la face. Il est plus important de mettre en exergue l'intérêt de dire la vérité, la valeur et la reconnaissance que l'on en retire, que de se montrer sévèrement insistant voire censeur sur le mensonge. A fortiori, des expressions comme « tu n'es qu'un petit menteur… » sont à éviter tant que faire se peut, car elles risquent à la longue de confiner l'enfant dans une identité dont il aura du mal à se départir. Personne n'est menteur par nature. Il en est d'ailleurs de même pour le vol ou toute action que l'on peut condamner sans pour autant en faire l'attribut de celui qui la commet. Et puis, c'est l'apanage de peu de monde de se targuer de ne dire toujours que la vérité. Cela ne doit pas pour autant nous laisser bonne conscience face à nos propres atteintes à la vérité. Gardons en tête que lorsque l'on ment à l'enfant, même s'il nous semble que c'est pour son bien, on dévalorise notre propre parole.

Vols et petits délits

Le vol est un comportement fréquent chez l'enfant et l'adolescent. Il représente approximativement 70 % des conduites transgressives et des délits mineurs, avec une proportion qui augmente avec l'âge (en particulier à l'adolescence). C'est également un acte qui sera davantage l'apanage des enfants de sexe masculin.

Le vol entre compétence et conduite transgressive

Le vol, qui est l'action de dérober ce qui appartient à autrui, ne peut se concevoir qu'en lien avec la notion même de propriété. Or, c'est un concept qui s'acquiert progressivement. Le sentiment de ce qui est « à moi » et de ce qui n'est « pas à moi » se développe chez l'enfant en deux temps distincts. La première étape, précocement franchie, est portée par le désir de s'approprier tout ce dont il a envie, indépendamment de son origine, de son appartenance et la reconnaissance même de cette appartenance à autrui. C'est ce que l'on pourrait nommer « l'égocentrisme infantile », résumé par l'assertion : « Tout (ce que je désire) m'appartient. » L'enfant ressent le fait d'être privé de ce qu'il désire (lorsqu'il ne l'obtient pas), mais pas encore que l'autre peut se sentir démuni de ce dont il le dépossède. Cette seconde étape survient plus tardivement, car il faut pour cela que s'élabore chez l'enfant le sentiment d'exister en tant qu'individu (qui lui permet en retour d'envisager l'autre également comme un être à part entière) et que soit possible le renoncement à ce fameux égocentrisme de la petite enfance.

Avec l'acquisition des limites de soi et des autres, « prendre à quelqu'un » commence à faire sens.
Mais la notion de vol à proprement parler nécessite deux autres compétences qui s'acquièrent à l'âge de raison. C'est, d'une part, le sens moral qui permet que se précise ce qui est permis et ce qui ne l'est pas et que se révèlent les notions d'interdit, de bien et de mal ; et, d'autre part, la possibilité d'envisager les conséquences des actes que l'on commet et leurs implications sociales et culturelles. Ce cap de la socialisation est indispensable pour que le vol soit reconnu comme tel par l'enfant lui-même et de ce fait par l'adulte qui le juge. En effet, on ne peut pas considérer que l'enfant vole s'il n'a pas lui-même conscience de le faire.
Enfin, comprendre le sens psychologique ou la gravité de cette conduite passe par la précision de la nature même des vols, de celle des objets dérobés et de l'association avec d'autres comportements déviants. La nature du vol évolue avec l'âge, comme sa gravité, qui peut également être liée à la répétition, à la valeur du larcin, et des facteurs associés : violence, agressivité, préméditation… Il n'y a cependant pas forcément d'engrenage inéluctable : un enfant qui vole occasionnellement n'est pas destiné à un avenir de voleur patenté ; comprendre et répondre de façon adaptée est le meilleur gage d'une résolution favorable.
Dans cette évolution plusieurs facteurs peuvent être pris en compte :
– le lieu et les victimes du vol ; il s'agit le plus souvent, au départ, du domicile, où friandises, pièces de monnaie, objets appartenant à un frère aîné ou à un membre de la famille sont les premières cibles ; les larcins chez les plus grands s'étendent à l'entourage, des voisins, des copains de classe ou de sport (le lieu du délit devient la classe, les vestiaires du gymnase…)

puis à des inconnus, dans le cadre de l'espace public (la rue, les magasins, les étalages...) ;
– les objets dérobés, qui répondent chez les plus jeunes à des besoins immédiats (bonbons, jouets), puis à des objets de valeur plus importante et surtout plus utilitaire : argent (les sommes que l'enfant dérobe peuvent devenir d'autant plus conséquentes que les parents ne s'en rendent pas compte ou feignent de ne pas s'en rendre compte), tout objet de convoitise (console de jeux, portable, disque compact, lecteur MP3...) ou que l'enfant collectionne (cartes de jeu, billes) ;
– l'utilisation qui en est faite mérite d'être précisée : certains fruits du vol sont immédiatement consommés, d'autres vont être dissimulés pour une utilisation ultérieure ou à l'abri des regards. Parfois, la simple possession de l'objet suffit, ce qui est fréquemment le cas lorsque c'est moins lui sur qui se porte le désir que celui ou celle auxquels il appartient et ce qu'il représente pour eux.

« Mon trésor »

Il y a, dans mon bureau de consultation où je reçois parents et enfants, parmi les différents jouets qui servent de supports aux thérapies, un vaste château en bois où des chevaliers en armures de plastique combattent sous le regard impassible de princesses de contes de fées. La pièce maîtresse de l'ensemble est sans aucun doute le fantastique trésor que gardent un dragon cracheur de feu et un mage à barbe blanche. Pendant quelque temps et malgré cette surveillance impassible, le coffre aux écus se volatilisait régulièrement. Lassé de devoir le remplacer pour éviter à mes jeunes patients la déception d'un château sans trésor, je décidai d'augmenter ma vigilance pour résoudre le mystère de ces disparitions itératives. Le coupable ne fut pas difficile à identifier au cours d'une de ses consultations hebdomadaires. Le moment venu de ranger les jeux, je remarquai au niveau de la poche de survêtement de

Mathieu, que les combats de chevaliers passionnaient par-dessus tout, comme une petite bosse de forme rectangulaire. Or, le coffre au trésor n'avait pas rejoint sa place habituelle. Je fis mine de m'en étonner.

« Tiens, où est le coffre au trésor ? Je ne le vois pas.

— Ah ? Je ne sais pas, répondit Mathieu.

— Et si nous le cherchions ensemble. Moi je regarde par là (je me détournai pour lui laisser le loisir de remettre les choses à leur place)

Au bout de quelques instants, je reformulai ma question :

— Tu l'as trouvé ?

Devant sa réponse négative, je dus me montrer insistant :

— Tiens, il y a une bosse dans ta poche, as-tu regardé dedans, peut-être qu'il s'y trouve.

— Oh, je ne crois pas, murmura-t-il.

— Tu devrais quand même regarder, pour en être sûr…

Mathieu jeta alors un œil dans sa poche et en sortit le petit coffre en s'exclamant – presque – étonné :

— Ça alors, il est là ! Je ne comprends pas comment ça se fait.

— Il y a parfois des choses qui nous font tellement envie, lui dis-je, que notre main ne peut s'empêcher de les mettre dans notre poche… Mais tu sais, ce jeu est à toi tant que tu viendras jouer ici, et ce que tu en fais ici n'appartient qu'à toi. »

C'était il y a bien longtemps, maintenant. Mathieu a grandi et je n'ai plus de nouvelles de lui depuis quelques années. Je ne vous dirais pas qu'il est devenu banquier ou convoyeur de fonds, vous ne me croiriez pas. Mais son entourage vous l'assurera, ce que tous apprécient en lui, sont sa loyauté et sa générosité.

L'avis du psy

L'objet de cette histoire, à l'évidence, n'a pas été dérobé pour ce qu'il est, un petit morceau de plastique décoré de peinture dorée, ni pour sa valeur dérisoire. Qui plus est, si Mathieu avait voulu posséder un coffre au trésor, ses parents auraient sans aucun doute accepté de lui en offrir un. Si Mathieu et certains de mes jeunes patients éprouvent le désir irrépressible de se

l'approprier, c'est bien pour ce qu'il représente à la fois dans sa dimension symbolique et affective. Le trésor désigne ce que chacun recherche, il est synonyme de puissance, mais surtout, il est constitué de choses précieuses que l'on cache, à l'instar des mots et des secrets que l'on confie à son thérapeute. On aimerait qu'il n'appartienne qu'à soi, comme on aimerait que soit unique le lien affectif qui se tisse vis-à-vis de celui ou celle en qui on ressent confiance et estime.

Dans d'autres cas, c'est l'acte même du vol qui est recherché, en particulier lorsqu'il se nourrit d'un désir de transgression et des sensations qui s'y associent, ou se charge de messages inconscients comme d'appels à l'attention. C'est parfois le cas chez l'enfant en souffrance ou à l'adolescence. Des attitudes alors (apparemment) paradoxales peuvent être rencontrées : le larcin est abandonné ou exposé au risque d'être repéré, parfois offert, parfois même détruit.

Les sentiments vécus par l'enfant qui vole varient de la crainte d'être découvert à la jubilation de demeurer insoupçonné. Selon son profil psychoaffectif et l'éducation qu'il a reçue, peuvent s'associer la honte, le remords, la culpabilité, ou, à l'inverse, une sensation de puissance, voire de légitimité (« après tout, je l'ai bien mérité ; c'était injuste qu'il possède ça et pas moi… »). Il n'y a alors ni culpabilité ni émotion d'aucune sorte. Il arrive que l'idée même du vol soit tout bonnement refoulée, le geste est ainsi décrit comme un simple emprunt, dont la date de retour n'est cependant pas envisageable.

Dans certains processus, l'enfant va éprouver une tension anxieuse née d'une résistance contre l'envie de voler, besoin auquel cependant il n'arrive pas à se soustraire. Seul l'acte lui-même, survenant au paroxysme de cette tension, parvient à l'apaiser ; l'enfant est alors envahi de sentiments de honte et de culpabilité, qui peuvent expliquer l'exposition inconsciente au châtiment (en laissant, par exemple, traîner les preuves du larcin).

L'attitude de l'enfant et l'évolution de ces comportements dépendent à la fois de son âge et de son profil psychologique, du contexte et des réponses familiales. Avant que ne s'élabore dans son esprit la notion de vol, antérieurement à ses 5 ou 6 ans, l'enfant ne ressent pas forcément les sentiments de faute ou de malaise que la culpabilité fera par la suite ressortir. Les réactions de désapprobation de l'entourage face à l'infraction, les sanctions et les restitutions proposées, de même que les encouragements et les félicitations devant les actions positives qui contribuent au renforcement de l'estime de soi (« faute avouée » ne devrait-elle pas être plus qu' »à demi pardonnée » ?) comme l'assurance d'avoir la confiance des parents, et son corollaire, le désir de s'en montrer à la hauteur, contribuent à façonner des réactions différentes face à la tentation du vol ou à sa condamnation. Les antécédents familiaux (déboires plus ou moins importants avec la justice, relations ambiguës à l'ordre et respect ou contestation des institutions), ou les conceptions politico-sociales (visions trop libertaires ou excessivement conservatrices) jouent sans doute également un rôle.

Pourquoi l'enfant vole-t-il ?

D'un point de vue psychologique, indépendamment du contexte purement sociofamilial, on peut souligner la revendication à l'égard de l'objet qu'implique la conduite de vol. Ce besoin de posséder ce dont l'autre bénéficie et qui semble naturellement lui revenir est probablement en lien avec des sentiments de carence affective, d'abandon. Cela peut correspondre ou non à une situation réelle ou purement ressentie, comme cela arrive dans certains cas de séparation familiale, de démission éducative massive ou à l'inverse de rigueur excessive. La mère est à ce titre souvent la première victime des rapines, comme l'explique le pédiatre et psychanalyste Donald Winnicott : « L'enfant qui vole un objet, ne cherche pas l'objet volé, mais cherche la mère sur laquelle il a des droits. » Ce sentiment naît en particulier lorsque ce dernier trouve qu'elle manque aux devoirs qu'elle devrait remplir envers lui (que cela corresponde ou non à la réalité de ce que vit la famille). Il y a donc pour Winnicott quelque chose de positif dans ce type d'acte qui atteste de la persistance d'une revendication saine pour l'enfant, car chargée d'espoir. La réaction des parents est en cela bien déterminante, car il s'agit de ne pas décevoir cette attente. Comme suggéré précédemment pour le mensonge, elle doit trouver le juste équilibre entre deux positions extrêmes : la rigueur excessive et la tolérance trop lâche. Face à une conduite dont la gravité est relative, une sévérité abusive peut enfermer l'enfant dans un statut de voleur, d'éternel suspect et se lester d'une dimension pathologique. Ainsi sont favorisées des conduites répétitives dans lesquelles l'enfant s'enferre maladivement, car elles s'avèrent rassurantes (au moins transitoirement) puisqu'elles viennent confirmer les appréhensions que partagent de part et d'autre parents et enfants.

Sur le versant opposé que représente une attitude trop souple, ce qui pourrait se justifier comme une position compréhensive glisse parfois vers une complaisance malsaine qui encourage l'enfant dans la poursuite de ce comportement, puisqu'il se sent excusé et même autorisé.

Sentiment de carence initiale, réactions parentales aux premiers délits, intériorisation de la loi parentale puis des règles sociales et des interdits, tous ces éléments concourent à l'organisation progressive de la structure psychique qui permet à l'enfant de gérer ses pulsions dont le vol est une modalité d'expression.

Le racket

Moins fréquent à l'école qu'au collège, ce phénomène s'étend cependant progressivement aux plus jeunes, qu'il soit le fait d'enfants de même âge entre eux ou de plus grands (collégiens qui « descendent » pour s'attaquer aux élèves des classes primaires). L'augmentation des objets de convoitise (jeux, portables qui circulent sous le manteau, cartes à jouer de collection…), l'attrait pour les vêtements (griffés de préférence) et pour les « signes extérieurs d'importance » (il s'agit moins de montrer sa richesse que de marquer une qualité – les chaussures portées par tel footballeur, la robe de telle chanteuse…), en multipliant les différences entre enfants et en stimulant le désir de possession, favorisent probablement le phénomène. Il serait cependant réducteur de ne s'attacher qu'à cette vision sociale.

Une relation d'emprise

L'intégration des différents interdits, du respect de la loi et de l'individu, le rapport à l'autre sont autant d'éléments psychologiques individuels qui entrent également en jeu. Car le racket s'inscrit avant tout dans un dysfonctionnement des relations interindividuelles. À la différence du vol, qui ne suppose pas systématiquement de lien avec le ou la victime d'un vol, le racket implique une menace, un chantage ou une pression exercée sur la victime. La réussite d'une première extorsion favorise les suivantes et le mécanisme de répétition qui se met en place peut entraîner victime et bourreau dans une spirale dont il est de plus en plus difficile de sortir. L'extorqueur prend de l'assurance parallèlement à l'angoisse qui augmente chez la victime à cause de la peur des représailles dont il est menacé. Ce que l'entourage peut être amené à penser d'un comportement qui a fortiori porte atteinte à son estime de lui-même influence également les craintes de l'enfant. Il n'est pas rare que cohabitent des sentiments de honte, d'humiliation, mais également de complicité ambiguë avec le bourreau : pour répondre aux exigences du maître chanteur, il est amené à tromper ses parents ou ses amis, à leur mentir et à les voler… Ainsi, il se trouve aliéné chaque jour davantage : si les menaces physiques sont souvent le point de démarrage du processus, la pression psychologique qui s'y associe tient très rapidement un rôle prédominant.

C'est moins de la personnalité de la victime qu'il s'agit que de l'interaction qui se développe. Celle du racketteur joue un rôle prépondérant (besoin de transgression, de toute-puissance, d'ascendance) sur l'autre, qui, de son côté, peut parfois éprouver des sentiments ambivalents de satisfaction masochiste dans cette dépendance (quelque part, le racketteur s'intéresse à lui et a des besoins que lui parvient à combler).

Cette relation d'influence qui place la victime sous l'emprise de son bourreau reste cependant dominée par une angoisse ne permettant pas les processus de défense habituels face à un vol simple : réagir par la colère une fois l'effet de surprise passé, faire preuve d'une réaction qui pousse à se défendre, chercher à récupérer son bien, voire à porter plainte…

Faire face au racket

Le rôle de l'entourage s'avère déterminant. La présence de témoins muets renforce le phénomène, qu'il s'agisse de camarades de classe apeurés (anciennes victimes ou qui ne veulent pas le devenir), indifférents ou que la loi des caïds enferme dans des considérations qui fustigent le traître ou le « rapporteur », comme d'adultes inattentifs dans un milieu qui ne permet pas

le respect des lois (les espaces en dehors de l'école, ou les zones « aveugles » des cours de récréation).
Aussi, parmi les facteurs de prévention, il est important de favoriser un climat de confiance où l'on peut sentir qu'il est toujours possible de se dire les choses, même les moins glorieuses. L'adage qui porte cela se résume encore une fois à « ne pas juger l'enfant, mais commenter ses actes » ; en cas de soucis, on pourra ainsi en parler sans crainte.

La prévention Elle passe également par l'évocation de ce qui peut arriver avant que cela n'advienne, sans dramatiser ni nier, afin d'envisager ce qu'il est possible de faire ; car ce qui entretient le processus de racket, c'est également le sentiment d'impuissance qui assaille l'enfant : ne rien pouvoir faire seul et n'avoir personne pour l'aider.

Dès que les faits sont dépistés, une intervention rapide est de mise. Il faut stopper le chantage et l'intervention des adultes est nécessaire. Il n'est pas salutaire que les enfants règlent seuls ce type de conflit. À la différence des situations où l'enfant est le souffre-douleur, on est là dans le domaine de la (pré) délinquance : il y a nécessité à réinstaurer la loi symbolique et réelle. Cela justifie de porter plainte ou en tout cas qu'il y ait une reconnaissance concrète du « délit ». Mobiliser les institutions (celle du lieu du racket, l'école, les familles, parfois la cellule de gendarmerie de proximité) permet de maintenir une neutralité qui favorise une meilleure résolution du conflit. Parents ou enseignants peuvent parfois se sentir mal à l'aise de ne pas avoir bien joué leur rôle ou d'avoir failli à leur tâche ce qui favorise involontairement un déni de la gravité des faits ; d'autres, à l'inverse, touchés dans leur amour-propre à travers l'atteinte de leur enfant, peuvent avoir le désir de « faire payer » le contrevenant et s'exposer à des débordements…

Réinstaurer la Loi c'est aussi bannir les lois individuelles. En ce sens, porter plainte, qui n'exclut pas un règlement « à l'amiable », ne doit pas apparaître comme une mesure trop extrême. Rappelons tout de même que la violence, le harcèlement et le racket sont des actes répréhensibles, dont les modalités sont stipulées dans le Code pénal. Les agresseurs risquent des peines bien réelles selon la gravité de leurs actes.

Comment savoir si mon enfant est victime de racket ?

Les signes d'appel sont multiples, mais rarement spécifiques, ce qui explique qu'on peut tout à fait ne pas les repérer ou se méprendre sur leur signification. Un enfant qui change, souvent assez brutalement, son caractère ou ses habitudes – il devient renfermé, dissimulateur, agressif... – et dont les demandes évoluent – il réclame de l'argent de poche ou des cadeaux – doit alerter notre attention. Un faisceau d'indices peut parfois nous aider : ses jouets disparaissent, et les excuses confuses se multiplient – il a perdu sa montre, oublié son blouson neuf au vestiaire ou prêté son jeu préféré à un obscur copain dont on n'a jamais entendu parler auparavant... Des symptômes psychologiques assombrissent dans certains cas le tableau : terreurs nocturnes, syndrome dépressif, que favorisent culpabilité, sentiment d'impuissance, dévalorisation et mésestime de soi..., ou troubles scolaires secondaires ne sont pas rares lorsqu'il n'est pas rapidement mis un terme au racket et que la relation d'emprise perdure et affecte la personnalité de l'enfant.

Reconnaissance du délit, sanction, et réparation (restitution des sommes, des objets volés ou de leur équivalent, présentation d'excuses et demande de pardon devant témoins) sont les trois piliers indispensables à une bonne résolution du conflit pour la victime comme pour le maître chanteur. Pour l'un comme pour l'autre, cela assure la permanence et l'infaillibilité de la loi, ce qui est primordial également pour le reste du groupe social (les autres élèves et les autres parents). En ce qui concerne le racketteur, il s'agit de le dissuader de poursuivre sur ce mode de fonctionnement ; Quant à la victime, on aura le soin de reconnaître également sa propre douleur, afin de l'aider à se reconstituer ou à se renforcer sur le versant narcissique. L'assurance que l'enfant agressé (et toutes les victimes potentielles en général) va être protégé, en particulier du risque de représailles, doit pouvoir être perçue de façon absolue.

L'enfant souffre-douleur

Le phénomène du bouc émissaire va de pair avec le phénomène de leader. Un des membres de la bande fédère autour de lui le groupe d'enfants, et, selon sa personnalité, oriente les attitudes, les choix ou les interventions des autres. Le charisme du chef de bande ainsi que la qualité et la dynamique du groupe jouent un rôle. Ce dernier va suivre ou résister, soutenir le chef ou en changer, selon que ce qu'il propose convient ou non à ses inclinaisons. Or, soumettre l'un de ses congénères peut répondre à ce besoin naturel d'exercice de la toute-puissance infantile et de l'expression des pulsions agressives qui restent inhérentes à l'être humain tout au long de sa vie. Précédemment, était soulignée l'importance de la fonction du groupe entre 6 et 12 ans. Le plus souvent, les différences qui caractérisent chaque individu sont ignorées à cet âge de la découverte, comme sont sublimées ou détournées les différentes pulsions. Mais, au gré de certains facteurs, elles peuvent en revanche être mises en relief et se faire le substrat d'un phénomène de victimisation.

Un engrenage destructeur

Les ingrédients propres à enclencher ce processus toxique sont le cadre dans lequel évolue le groupe d'enfants, le groupe lui-même et la personnalité du chef de bande et de la victime. Une école ou un club d'enfants où les règles ne seraient pas clairement établies, ou dont le fonctionnement rendrait difficile le respect de son application (classes surchargées, cours de récréations mal encadrées, bassin de population en difficulté, enseignants et surveillants débordés ou en effectif insuffisant…) sont autant de terrains propices à l'éclosion de ces fonctionnements transgressifs. Sur le plan individuel et collectif, l'estime de soi joue un rôle non négligeable. Désigner un bouc émissaire revêt une fonction fédérative et protectrice : le groupe se soude, l'individu s'y sent plus fort, et gomme ses différences sur le dos de celles de l'autre. Ainsi, rire ensemble des défauts de l'un permet d'éviter les moqueries dont on pourrait faire l'objet. C'est la loi du « tous contre un » qui protège individuellement ses membres, mais ne favorise pas le soutien du plus faible (« si je le défends, se dit Marc, ils vont me traiter comme lui »).

Le point de départ est souvent une blague d'apparence anodine, un surnom que l'on donne à propos d'une différence : Thibault, à l'embonpoint un peu marqué devient « cochonou » pour les élèves de sa classe, quand « serpent à lunettes » vient remplacer « Julie » dans la bouche de ses camarades… En fonction de sa réaction, il ou elle deviendra un membre à part entière de la bande ou le bouc émissaire. En effet, selon qu'il va donner prise à la critique ou s'en moquer et s'en défendre, le groupe (plus ou moins aiguillonné par un meneur) va surenchérir ou changer de victime.

La victime porte en soi quelque chose qui la distingue (comme chaque enfant, ou chacun de nous) mais c'est moins cette différence que ses réactions (pleurs, colères, plainte auprès de la maîtresse) qui excitent le groupe et attisent sa violence. Parfois, l'ambivalence de la victime, qui préfère cette forme d'attention à l'ignorance et l'exclusion, renforce le phénomène. Le groupe l'interprète comme « il aime ça, il en redemande » et se retranche souvent, lorsqu'il est sermonné ou sommé d'arrêter, derrière l'excuse : « On ne pensait pas lui faire de mal, puisqu'il restait avec nous. »

Aider son enfant à sortir du rôle de bouc émissaire

Il n'est pas toujours facile pour les parents d'appréhender la situation dans laquelle se trouve leur enfant, d'autant que ce dernier va rarement s'en plaindre. La honte éprouvée vis-à-vis de son statut de victime s'ajoute aux facteurs évoqués précédemment. De plus, demander l'aide d'un parent renforce ce sentiment de faiblesse que les autres ne se gênent pas de souligner par des boutades du genre : « Hou ! le bébé qui a besoin de ses parents pour se défendre, va pleurer dans les jupes de ta mère !... » Les signes d'appel à repérer sont ceux que l'on retrouve chez l'enfant-victime : il traîne des pieds pour se rendre à l'école, semble triste, son travail scolaire s'en ressent. Dans certains cas, il s'avère aussi sans amis. Il faudra aborder la question en insistant, car la difficulté à reconnaître les faits peut être importante. La première étape consiste justement dans la possibilité de dire les choses. Dans un second temps, il s'agit de favoriser une inversion des mécanismes : la victime ne doit plus se sentir inférieure. Il faut l'aider à s'affirmer et à répondre aux critiques, par l'humour, la dérision ou le renvoi du compliment : « Et toi, tu t'es vu ? » La prévention commence très tôt. En l'aidant à développer ses habiletés sociales et, en particulier, en lui apprenant comment défendre ses intérêts et répondre aux insultes, en lui faisant le récit de vos propres aventures, de celles de vos proches ou d'adultes de son entourage, sur les moyens que vous ou vos amis aviez au même âge pour vous défendre. On pourra reprendre ensemble les mécanismes mis en jeu par l'agresseur, comment tester différentes insultes pour éprouver les réactions de son interlocuteur, jusqu'à trouver celle qui blesse le plus. Conseillez à votre enfant de ne pas donner prise à ces attaques en gardant son calme, mais en répondant, et en résistant surtout à la peur d'être rejeté. D'une façon générale, encouragez-le toujours à s'exprimer, à ne pas rester dans son coin, reprenez-le quand il se dévalorise, rassurez-le sur ses doutes.

C'est important que l'enfant puisse, tant que faire se peut, sortir seul de la situation. Il ne s'en sentira que plus fort. Cela suppose cependant que le phénomène n'ait pas pris l'ampleur d'un véritable harcèlement de groupe. Dans ce cas, la mobilisation doit être collective et le fait de la classe ou de l'établissement scolaire. Car l'école ne doit pas se reposer sur le fatalisme de l'impossibilité de gérer les conflits entre enfants, sous prétexte qu'ils se passent à l'insu du regard des adultes. Dans les situations qui prennent la forme d'un harcèlement collectif, c'est toute la classe qui doit être réunie de manière officielle, éventuellement en présence du chef d'établissement afin de mettre le groupe, et chacun de ses membres, face à la lâcheté de leur comportement. Cela participe de l'éducation civique qui malheureusement fait souvent défaut dans les enseignements actuels. Les adultes doivent être vigilants à ne pas faire de la victime le responsable de son sort comme peuvent parfois le favoriser certains modes de pensées, que résument bien des expressions comme « si cela lui arrive, c'est qu'il l'a cherché », « on n'est pas victime par hasard ». Lorsque c'est le cas, il est important de réfléchir aux mécanismes inconscients qui peuvent être sous-jacents, notamment les processus d'identification aux acteurs du conflit : selon la place qu'il a pu occuper lui-même lorsqu'il était enfant, l'adulte peut être plus ou moins tolérant avec le harceleur ou prendre ses distances vis-à-vis du bouc émissaire (qui pourrait faire émerger de mauvais souvenirs…). Si la demande de protection de votre enfant n'est pas entendue par l'équipe pédagogique et éducative de l'école, il ne faut pas hésiter à solliciter l'inspection académique, voire envisager un changement d'établissement.

Quand l'âge de raison rime avec questions…

Peut-on tout dire à son enfant ? Quand les interrogations fusent sur tous les sujets et même sur ceux avec lesquels nous ne sommes pas toujours à l'aise, comment répondre ? La maladie incurable du fils d'un voisin, la vie amoureuse de la cousine Marie-Josée, la déportation de l'arrière-grand-père, ou les images télévisuelles qui apportent leurs lots de faits brûlants. Certains thèmes nous paraissent choquants, d'autres pas (encore ?) de son âge et nous redoutons de le choquer, de le blesser, voire de le traumatiser…

Bien souvent, ces craintes sont avant tout liées à la gêne que nous éprouvons à aborder ces questions-là. Car l'enfant, dès 8 ans, est à même de comprendre beaucoup de choses et on peut effectivement lui parler de tout. Cela dépend bien sûr de ce qui se cache derrière ce « tout » !

Il ne sert par exemple à rien de vouloir l'informer, au prétexte qu'« on ne lui cache rien » de sujets qui ne le concernent pas : on abordera avec lui les thèmes sur lesquels il nous interpelle, ceux qui représentent un intérêt particulier pour lui, que cela le touche directement ou à travers l'histoire de la famille, ou ceux dont on est désireux de le mettre en garde lorsqu'ils évoquent des situations auxquelles il pourrait être confronté.

Ce qui importe est la façon avec laquelle nous allons aborder les choses. On choisira des mots et des expressions qu'il est à même de comprendre quitte à lui demander s'il en saisit bien le sens et à lui faire repréciser. Évitez les métaphores, il est préférable de rester concret et simple. Les images qu'il va mettre sur ces propos correspondent à celles qu'il est psychiquement capable de supporter ou d'intérioriser. Elles naissent de son vécu ; si elles génèrent de fortes émotions, celles-ci restent en accord avec ses capacités d'élaboration mentales et verbales, il pourra donc en reparler et le cas échéant solliciter d'autres réponses, rassurantes ou apaisantes.

Enfin, ne confiez pas à la télévision ou à d'autres sources d'information trop imagées, le soin de remplacer les mots que ce soient les vôtres ou ceux d'un livre adapté sur le sujet. Certaines représentations pourraient effectivement le heurter, non pas en raison de leur propos, mais du caractère cru et trop éloigné de ce que l'enfant peut s'imaginer.

Il ne faut cependant pas imaginer qu'un groupe d'enfants qui fonctionne bien est un groupe sans conflits. Une bonne compréhension de la dynamique des groupes et un encadrement adapté donnent la possibilité de faire des différentes pulsions qui l'animent un atout de progrès et d'apprentissage : même la violence collective si elle est transmutée en violence symbolique (celle qui va s'exprimer dans les jeux, les compétitions sportives, les rivalités scolaires...), en désir de justice (le groupe se sent fort parce qu'il protège tous ses membres) peut devenir un facteur de croissance. Dans un fonctionnement sain, le bouc émissaire n'est pas forcément absent, mais ce rôle n'est pas tenu par le même enfant, et il ne le reste pas longtemps. Dans cette configuration, le jeu, l'humour et la rivalité ludique et créatrice se substituent à la haine.

5

Les raisons de grandir

Théories du développement de l'enfant dans la période de latence

La croissance de l'homme ne s'effectue pas de bas en haut, mais de l'intérieur vers l'extérieur.

Franz Kafka

La période qui s'étend de 6 à 12 ans est une étape fondamentale dans le développement de l'individu. Le terme « latence », qui lui est associé ne doit pas suggérer qu'il ne se passe rien, que tout est suspendu ou en attente. Au contraire, les bases posées pendant la petite enfance, que vient condenser la résolution du complexe d'Œdipe, puis toutes les expériences qui suivent, dynamisent une évolution qui, si elle s'effectue souvent sans bruit, n'en demeure pas moins décisive pour le petit être en devenir.

L'affectivité de l'enfant s'élabore, sa personnalité se construit grâce aux interactions qu'il multiplie avec autrui, et la diversification des champs relationnels l'ouvre au monde qui l'entoure. Cependant, cela n'est possible qu'en raison du potentiel qui est le sien et qui se trouve stimulé dans cette spirale interactive.

Les compétences de l'enfant

La maturation neurologique joue bien sûr un rôle prépondérant dans le développement psychique de l'enfant. Elle en est une condition nécessaire, et les enfants dont l'atteinte des structures cérébrales n'en permet pas la pleine évolution, quelles qu'en soient les raisons (infections du système neurocérébral, anomalies congénitales, maladies métaboliques), peuvent présenter des troubles de ce développement mental, tant sur le plan cognitif que psychomoteur. La croissance du système nerveux central dépend des structures neurologiques mêmes avec lesquelles l'enfant vient au monde, directement héritées de son bagage génétique. Cependant, d'autres éléments contribuent à l'améliorer. C'est, d'une part, l'expérience que l'enfant va acquérir par l'exercice de ses fonctions (physiques, affectives, intellectuelles...) et l'utilisation des objets mis à sa disposition. On comprend là l'importance de stimulations précoces et continues tout au long de la vie, notamment lorsque la croissance neurologique atteint son niveau d'équilibre. D'autre part, intervient l'environnement et la façon dont il va interagir avec l'enfant et lui transmettre un certain nombre de données, en particulier sur le plan social.

L'âge de latence renvoie l'image d'un état d'équilibre apparent. En fait, pendant cette période, il s'effectue en permanence une adaptation à ces différents facteurs de stimulation et d'influence qui est rendue possible grâce aux deux phénomènes que sont l'assimilation et l'accommodation.

L'assimilation correspond à la capacité de l'enfant à intégrer et à faire siens des éléments de son milieu extérieur. L'accommodation est le processus qui fait évoluer la structure de l'individu en fonction des modifications que subit le milieu dans lequel il grandit. L'équilibre entre assimilation et accommodation permet cette adaptation qui se réalise tant sur le plan biologique que cognitif et affectif.

« Il me fait répéter dix fois la même chose ! »

Écouter et entendre sont deux facultés différentes. L'enfant perçoit la consigne, mais ne va pas forcément l'intégrer comme une demande et y répondre immédiatement. Pour l'enfant absorbé par le jeu, la parole de l'adulte peut n'apparaître que comme un bruit parasite. On parle alors d'»attention sélective » : son esprit est focalisé sur un centre d'intérêt principal et son cerveau, de ce fait, ne retient pas les mots prononcés comme une information pertinente à traiter d'emblée ou en totalité. C'est donc en toute bonne foi qu'il répond si on se fâche : « Mais, je n'ai pas entendu ! » C'est aussi pour cela qu'après lui avoir intimé, à plusieurs reprises, l'ordre de ranger sa chambre sans résultat, il peut réagir au quart de tour si nous le menaçons de tout mettre à la poubelle ! La réaction dépend aussi de l'importance du stimulus. Tant que la consigne n'avait pas d'implication particulière, la réponse pouvait être différée. L'enfant se situe dans l'action plus que dans la réflexion, aussi, répondre à une question, a fortiori lorsque ses pensées sont déjà occupées, est plus compliqué pour lui que d'agir. On n'aura donc plus de succès, si l'on veut retenir son attention, en initiant les choses par une sollicitation physique : « Viens t'asseoir près de moi, j'ai quelque chose à te dire. » Stimulée par l'action et soutenue par le contact affectif qu'elle génère cette petite consigne permet, l'air de rien, de capter son attention bien plus que la répétition ou l'énervement. On peut également aller à la rencontre de l'enfant, s'intéresser un instant à ce qu'il fait, entrer dans son univers avant de solliciter son attention sur le nôtre et lui exprimer ce qu'on attend de lui. Par exemple : personne ne vous entend vous époumoner à réclamer que l'on vienne mettre la table à l'heure de repas. Et pour cause, les enfants jouent aux cow-boys... Il suffira de l'intervention du shérif (que vous incarnez subitement) qui, de sa grosse voix (que vous imitez à merveille), menace des pires représailles pour que chacun s'attelle à la tâche.

Penser et apprendre

Dans les premiers temps de son développement, l'enfant perçoit le monde en fonction de sa propre vision des choses et de ce qu'il ressent, lui. Tout est centré sur sa propre personne. C'est ainsi qu'on le voit se venger sur l'objet, qu'il rend responsable de son malheur, lorsqu'il tombe de vélo, par exemple, en lui donnant un coup de pied. Outre le fait qu'il prête aux objets des intentions, bonnes ou mauvaises en fonction de son bien-être (« la table est méchante », pense-t-il quand il s'y cogne, puisqu'elle lui a fait mal), il met sur le même plan ses considérations morales et ce qui lui fait du bien ou ce qui lui fait du mal. L'âge de raison se caractérise par l'évolution de cette façon d'appréhender les choses, vers une vision plus objective et plus raisonnée.

Quand l'enfant s'ouvre vers les autres Son univers, d'abord limité à l'espace familial, va progressivement s'élargir. En découvrant l'école, cette grande maison peuplée d'adultes, qui ne sont pas les papas et les mamans des enfants dont ils s'occupent, avec plein d'enfants, qui ne sont pas tous frères ou sœurs, il comprend qu'il existe d'autres familles, d'autres villes et, au-delà encore, d'autres pays. Il affine son discernement, et distingue les objets inanimés de ceux qui sont doués de vie. Il lui faut pour cela les capacités nécessaires à cette prise de conscience.

L'enfant de 7 ans parvient à un stade de développement mental que Jean Piaget appelle « la période des opérations concrètes* ». L'enfant devient capable de se décentrer de lui-même, de s'intéresser au monde qui l'entoure et aux autres. Sa pensée se fait plus objective, car elle ne se limite plus qu'à son seul point de vue. Il peut prendre en compte celui des autres, enfants et adultes, les accorder et en tirer des conséquences. Il prend conscience de sa propre pensée et, en parallèle, de celle des autres, acceptant ainsi qu'ils ne soient pas d'accord avec lui ou qu'ils puissent lui apporter une connaissance qu'il ne possède pas. Cela touche également les sentiments, les goûts, les envies, et il convient que ces derniers varient selon les individus. Les échanges sociaux s'en trouvent ainsi dynamisés et favorisent les fonctionnements en groupe et les collaborations d'enfants qui trouvent dans leur quotidien les moyens de leur expression : jeux collectifs de plus en plus sophistiqués entre voisins ou à la récréation, réalisation commune d'exposés pour l'école, mais aussi, dans leur version plus transgressive, association pour commettre des bêtises ou tricher en classe. Cela lui permet, dans le même temps, de prendre conscience qu'il existe autour de lui des choses qui changent, se transforment et d'autres qui sont immuables. C'est avant tout à partir d'éléments concrets, d'objets que l'on peut voir et toucher, que se font ces observations. Il en fait l'application dans les exercices qu'il réalise à l'école, apprenant à classifier, évaluer, comparer, concevant progressivement les notions de conservation de substances, qui permettent, par exemple, de passer de la distance à la surface et du poids au volume. Bien sûr, il éprouve parfois de la difficulté à se représenter certaines correspondances : beaucoup d'enfants ont du mal à comprendre qu'un kilo de plume est aussi lourd qu'un kilo de plomb. La plume c'est forcément plus léger que le plomb !... Ils ont besoin pour cela de procéder par tâtonnements et expérimentations, par allers-retours, en réalisant les opérations dans un sens puis dans l'autre. Ces applications se font également dans leur vie de tous les jours, comme lorsqu'ils se rendent à l'école et qu'ils prennent conscience que le chemin qu'ils effectuent dans un sens est le même pour rentrer, mais inversé, que s'il monte à l'aller, il descend au retour, et requiert pour se faire un temps donné, toujours à peu près le même.

Le développement cognitif selon Jean Piaget

Pour ce chercheur, l'évolution de la pensée humaine va se faire en quatre étapes qu'il définit comme des stades*. Il s'agit de périodes au cours desquelles différents processus de formation intellectuelle s'élaborent pour parvenir à un équilibre qui permet de passer au stade suivant ; chaque étape est résolument différente de la précédente et chaque structure acquise au cours d'un stade antérieur s'intègre totalement au prochain.

• La période de l'intelligence sensori-motrice concerne l'enfant de 0 à 2 ans. Dans cette phase de développement, le bébé enchaîne les exercices réflexes, met en place ses premières habitudes, adapte ses expériences sensorielles et motrices afin de développer des activités intentionnelles, dans lesquelles il intègre progressivement les choses et les êtres de son entourage. Il jette un objet que sa maman lui rapporte, il fait rouler une voiture ou agite un hochet qui produit des sons... Grâce à ces expérimentations à la fois motrices et sensorielles, ses activités s'organisent progressivement, deviennent intentionnelles et se chargent de significations particulières. C'est à partir d'elles qu'il se construit également une représentation mentale des objets et des êtres, qui permet le passage à un autre stade.

• La période préopératoire, de 2 à 6 ans, marque l'essor progressif de l'intelligence représentative. C'est la possibilité que développe l'enfant de créer des images mentales qui lui permettent de se représenter en pensée l'objet, ou la personne dont il a envie alors qu'elle n'est pas là. Ainsi se constitue sa fonction symbolique, support indispensable du langage (les mots évoquent des objets), du dessin (l'image vient représenter le réel), de l'imitation différée et du jeu (l'enfant reproduit en s'amusant des situations qui l'ont touché, amusé ou intrigué et se les approprie)...

• La période des opérations concrètes*, évoquée précédemment, puisqu'elle correspond à l'évolution du mode de pensée de l'enfant à l'âge de raison, précède la période des opérations formelles qui s'observe à partir de 11, 12 ans.

• La période des opérations formelles concorde avec l'entrée dans l'adolescence. La pensée ne nécessite plus de s'appuyer sur des éléments concrets et le raisonnement

peut être abstrait, l'enfant n'a plus besoin de manipuler les objets pour étayer sa réflexion. C'est l'avènement de la pensée formelle* : celle qui utilise un matériel symbolique (les signes conventionnels, comme ceux des mathématiques, les représentations universelles, comme la colombe pour la paix) ou l'expression d'idées ou de concepts qui ne sont pas rattachés à des objets concrets comme la justice ou l'honneur... La liberté intellectuelle que confère ce mode de pensée fait de l'adolescence l'âge des grands idéaux et des projets d'avenir. Elle ouvre les portes au raisonnement formel qui procède par hypothèses et par déductions (c'est le raisonnement « hypothético-déductif ») : il permet de tirer des conclusions à partir de pures hypothèses, détachées de toute observation réelle ou concrète. Le syllogisme (« Tout homme est mortel ; or Socrate est un homme ; donc Socrate est mortel ») et son double, le raisonnement absurde trouvent un terrain d'expression idéal.

Lorsque l'enfant accède au raisonnement Ainsi se développe la capacité d'appréhender le monde qui l'entoure et les lois qui le régissent, comme celle du temps et de l'espace. Vers 6 ou 7 ans se met en place celle de mesurer le temps proche : l'enchaînement des jours et des semaines, des mois, et, progressivement, des plages de temps plus longues. Les premiers repères de l'enfant se trouvent dans son quotidien. L'âge des parents, du grand-père ou de la vieille tante sont autant de jalons qui structurent le temps dans une dimension chronologique statique, tandis que l'alternance des semaines d'école et des week-ends de repos, ou la célébration régulière des anniversaires (« à chaque fête je grandis d'une année ! » constate Pierrick, émerveillé) lui permettent d'en saisir le caractère dynamique. Il lui faudra quelque temps cependant pour réaliser qu'il est vain d'espérer rattraper sa sœur aînée, qui grandit elle aussi selon le même rythme. Ce n'est que vers 8 ou 9 ans que la perception du temps s'affine et l'enfant, nourri par les connaissances historiques apprises à l'école et des lectures de romans d'aventures ou d'anticipation, finit par appréhender avec précision les siècles passés et par se projeter dans le futur.

La confrontation de ces notions de temps et d'espace, de leur caractère réversible (les distances que l'on parcourt) ou irréversible (le temps qui passe) le confronte à une nouvelle notion : la relativité. Du coup, l'enfant se libère de sa perception égocentrique* de ce qui l'entoure, il devient capable de juger, de penser, d'analyser ce qu'il ressent.

L'âge de raison est en ce sens nommé ainsi à juste titre, car il correspond vraiment au temps, pour l'enfant, de l'accession au raisonnement. En complément des processus de développement neurologique, les outils de connaissance, que mettent à disposition l'école et le quotidien, soutiennent la possibilité de nouvelles acquisitions qui entretiennent et stimulent cette maturation naturelle dans une spirale dynamique.

Cette ouverture de la raison est à l'image de l'extension des perspectives de son horizon et lui fait apparaître l'univers comme dépourvu de limites. Cette prise de conscience est parfois si époustouflante, si grisante, que se mettent en place inconsciemment de petits mécanismes de résistance. À l'instar de Jules qui voyage souvent avec ses parents coopérants à l'étranger : afin de lutter contre l'idée d'un vaste monde qui le dépasse, il s'imagine que l'avion le transportant à l'autre bout de la planète en fait ne bouge pas, et, alors que les hublots sont fermés, qu'une équipe de techniciens se contente de modifier le décor qui l'entoure.

Pourquoi est-il si souvent dans la lune ?

Les périodes pendant lesquelles l'enfant semble perdu dans ses pensées sont fréquentes à cet âge, que ce soit au retour de l'école, au moment du goûter, ou même devant son dessin animé préféré. Gardons-nous de trop lui en faire le reproche.

Car l'enfant a besoin de temps de transition pour s'imprégner de ce qu'il vient de faire ou d'apprendre, qui sont autant de moments d'élaboration pendant lesquels il gère ses pensées et ses émotions. Ce faisant, il construit silencieusement sa personnalité et inscrit de façon durable ce qu'il vient d'enregistrer. Il en va des nourritures intellectuelles et affectives comme des nourritures terrestres : elles se doivent d'être digérées pour être bien assimilées.

Aussi, il n'y a pas d'inquiétude à avoir lorsque l'enfant traverse des périodes d'inactivité, comme il n'est pas indispensable de remplir tous les trous de son emploi du temps par des activités aussi ludiques ou culturelles soient-elles. Il a besoin de ces instants de rêverie, pour découvrir son monde intérieur où se développe un imaginaire foisonnant. Développer sa capacité à bien gérer l'ennui est aussi facteur de bonne santé psychique et affective.

Bien sûr, tout ce processus se fait à l'insu de l'enfant, sans qu'il ait la perception de tout ce qu'il apprend. Cette évolution de la pensée s'accompagne donc de l'accession à de nouvelles dimensions de la conscience : sa pensée essentiellement intuitive évolue vers une intelligence rationnelle en même temps que progresse sa conscience morale.

Sens moral et notion de justice

En grandissant, le bébé, puis l'enfant, est confronté à des contraintes dont il prend de plus en plus la mesure. Il enregistre ce qui est permis et ce qui ne l'est pas et apprend à gérer les frustrations grâce au plaisir différé qu'il peut tirer en respectant l'interdit. Les gratifications maternelles, les cadeaux, ou une plus grande liberté d'action sont autant d'éléments qui entrent en ligne de compte. Que tous ses désirs ne soient pas systématiquement exaucés dans l'immédiat comme dans l'absolu lui paraît d'autant plus tolérable qu'il peut en tirer d'autres avantages ; il renonce ainsi à sa toute-puissance de petit et gère mieux les frustrations qu'occasionnent les interdits. En parallèle, comme il passe d'une attention essentiellement tournée vers lui à une vision plus objective du monde, l'enfant prend note de l'existence d'autres règles, extérieures à l'univers familial. Cette prise de conscience d'un monde organisé autour de règles, s'associe à l'intégration de notions comme la loi, la justice, et son corollaire, l'injustice.

La conscience du bien et du mal Vers 7 ans, l'enfant devient capable de distinguer le bien et le mal, non plus seulement en fonction de ce qui lui fait du bien ou du mal, mais en regard de ce qui est autorisé et de ce qui ne l'est pas. Faire délibérément quelque chose d'interdit revient à faire le mal. Cela est bien sûr sous-tendu par le discours des adultes, parents et enseignants, qui commentent et jugent régulièrement, parfois sans s'en rendre compte, les actions ou les propos de l'entourage et de l'enfant lui-même. Aussi, la personnalité des parents intervient de façon cruciale dans la structuration morale de l'enfant. Selon l'ambiance familiale, lorsque tout est autorisé, qu'aucune limite n'est posée, qu'aucune punition ne sanctionne ce qui n'est pas approprié ; ou, au contraire, lorsque tout est interdit, qu'aucune tolérance n'est permise à l'égard de l'erreur, qu'un contrôle s'exerce sur le moindre des actes ou des propos, la conscience morale de l'enfant peut suivre des évolutions très différentes. À l'extrême, dans le premier cas, risque d'être favorisé le sentiment que tout ce qui fait plaisir est permis, justifiant une volonté instable et une intolérance aux frustrations, et, dans le second, qu'au contraire, tout ce qui fait plaisir est mauvais ou interdit. D'autres facteurs vont aider l'enfant à distinguer le « bien » de « l'autorisé » ou le « mal » du « défendu », ce qui est fondamental pour lui éviter des amalgames comme « tout ce qui me fait plaisir est bien », principe qui favorise les fonctionnements antisociaux ou délinquants, ou, à l'inverse, « tout ce qui me fait plaisir est mal » qui pourrait être le leitmotiv d'individus trop scrupuleux ou masochistes. Cette acquisition d'une conscience morale se fait progressivement, par adjonction graduelle de valeurs héritées de l'éducation ou du mode de vie des parents : celles qui sont associées à leur culture, à leur religion s'ils en ont une, ou plus généralement à leur conception du monde et de la vie. Vient s'y ajouter, lorsque les relations sont nourries d'empathie, l'influence des proches ou des adultes qui interviennent de façon importante dans son quotidien : la maîtresse, l'éducateur de centre aéré ou le moniteur de sport. La télévision, les informations, les films ou les lectures dont il s'abreuve, contribuent, par les récits et les images chargés d'émotions qu'ils transmettent (les événements heureux ou les catastrophes naturelles, les scènes de liesse ou de guerre, les comédies ou les drames) à éveiller sa conscience. Enfin, les expériences propres dans lesquelles lui-même ou ses petits camarades, à l'école, ou à la maison, sont impliqués, avec leurs cortèges de joies et de déconvenues, de victoires ou d'injustices agrémentent le tout d'éléments profondément personnels.

Aussi vers 8/9 ans, le bien et le mal ne sont plus uniquement ce que les parents autorisent ou défendent, et deviennent des valeurs plus universelles. Ce sont les premiers pas vers l'élaboration d'une morale propre à l'enfant et qui s'exprimera plus pleinement encore à la préadolescence et à l'adolescence, parfois en opposition avec ces derniers, dont il commence à contester les injonctions. Cette morale, qui ne s'appuie plus uniquement sur des interdictions pour se tisser d'autres constituants que sont les principes, cesse d'être une morale du devoir pour devenir une morale du savoir.

« C'est pas juste ! » Le sentiment de justice est directement lié à celui d'injustice. Dans un premier temps, l'enfant ressent un frein ou une offense à son bien-être dans le cadre défini par ce qui est autorisé. Sont injustes les avantages dont certains bénéficient et pas lui, ce dont il aimerait profiter mais auquel il n'a pas accès, tout ce qui limite son plaisir quand il n'en sent pas la justification. Des temps d'école plus importants que de vacances, ne pas avoir les mêmes avantages que l'aîné(e) de la fratrie, être puni avec toute la classe, alors que la maîtresse ne l'a même pas vu chahuter… sont autant d'exemples qui pourraient l'amener à dire : « C'est pas juste ! » L'expression suit d'ailleurs dans une logique évolutionnelle le fameux « non » de l'enfant de 2/3 ans qui manifeste ainsi son opposition et affirme sa personnalité. Bien sûr, les erreurs dont il peut se sentir victime entrent aussi dans la liste de ces injustices reconnues. Puis, suivant la même progression que celle évoquée pour le reste de ses représentations, il étend cette notion à des univers qui ne sont plus uniquement centrés sur lui, et s'intéresse à la justice qui régit l'ensemble du monde. Certaines lois lui paraissent cependant encore « injustes » en particulier lorsqu'elles ne respectent pas le principe d'un châtiment qui consiste à infliger une peine qui soit identique à la faute. Cette perception primitive de la justice est en lien direct avec son mode de pensée « opératoire* » (comme l'explique J. Piaget dans les notions évoquées précédemment), régi par les équivalences, et pour lequel celui qui blesse doit être blessé de la même façon, ou celui qui tue doit être tué, « pour lui montrer ce que ça fait ».

Il lui faudra intégrer les notions de législation officielle pour comprendre que la fonction des lois n'est pas de limiter sa liberté ni de l'« embêter », mais d'organiser la vie sociale, et de permettre à chacun de vivre en harmonie avec les autres. Ce qui lui reste alors à accepter est que la loi ne souffre pas de contradiction, qu'il n'est pas question de la discuter ou de la négocier et que ses règles sont valables pour tout le monde.

L'éducation à la loi Dans la famille traditionnelle, c'est symboliquement le rôle qui échoit au père que d'incarner celui qui veille au respect de la loi, en intervenant comme un tiers dans un système triangulaire où la mère aurait davantage celui de représenter celle qui répond au désir de l'enfant. Ce schéma subit bien sûr des remaniements en fonction de la structure effective de la cellule familiale (couple divorcé, famille monoparentale, homoparentale…), mais globalement, le principe reste le même : l'un des adultes responsables de l'enfant est le garant de l'harmonie de ses besoins, tandis que l'autre se fait le représentant de l'autorité parentale. On comprend de ce fait que nos petits manquements aux règles sociales, qui parfois nous ennuient et dont nos enfants sont les témoins, peuvent influencer leur façon d'accepter celles que l'on voudrait leur imposer parce qu'elles nous arrangent bien. « Dis papa, tu viens de griller le feu rouge ! » s'exclame Sergio, inquiet que son père se fasse attraper par la police. Le père a pour alternative soit de reconnaître sa faute : « Tu as raison fiston, je n'ai pas fait attention ; heureusement que nous n'avons pas eu d'accident… », soit de la nier et de discuter : « Mais pas du tout…, de toute façon ce feu ne sert à rien ! Il n'y a jamais de circulation à cet endroit. » L'enfant, confronté à la répétition de ce dernier type de réaction, peut, par mimétisme vis-à-vis de celui qui représente le repère originel, adopter le principe que toute loi peut être relativisée. À l'heure de la résurgence des conflits œdipiens, pendant l'adolescence, c'est à l'égard de ce même père que risquent de se jouer les oppositions les plus vives… Il ne s'agit pas pour autant d'être nous-mêmes, adultes, des parangons de vertu ; quand bien même nous le voudrions, cela ne serait pas forcément possible – nous sommes des humains, pas des saints – et rien ne prouve que cette attitude serait absolument salutaire pour l'enfant. Ce qui importe, c'est de reconnaître devant l'enfant que l'on peut faire des erreurs : il lui sera alors plus simple de ne pas dissimuler les siennes, et il comprendra que la réparation de la faute et le respect des règles priment sur le reste.

L'école et les institutions sociales prennent ensuite le relais de cette éducation à la loi, en matérialisant par leur fonctionnement ordonné et valable pour tous, le caractère universel de celle-ci. Cette transmission d'une loi juste pour tous est nécessaire pour que l'enfant n'adopte pas celle qui pourrait apparaître comme la plus simple, la plus évidente ou la plus satisfaisante pour lui : la loi du plus fort.

Kevin ou la raison du plus fort

Kevin est un garçon de 7 ans qui se bagarre régulièrement avec ses camarades de classe, et les enseignants se plaignent de son comportement souvent transgressif. Au cours d'une de ces rixes dont il est coutumier, il est pris à partie par le maître qui surveille la récréation. Pour le calmer, ce dernier le saisit et tente de le maîtriser en le contenant dans ses bras serrés. Kevin s'agite, donne des coups de pied pour se dégager en criant : « C'est moi le plus fort, c'est moi le plus fort ! » Judicieusement, l'enseignant ne va pas répondre sur

le même terrain. Effectivement, eu égard à son âge et à sa corpulence, il pourrait rétorquer, en resserrant son étreinte: « Je vais te montrer qui est le plus fort ! » Il choisit la voie de la réassurance. Il le lâche aussitôt et choisit des paroles chaleureuses qui l'enjoignent au calme, puis, lui dit avec humour: « Tu es tellement fort que tu vas finir par te donner un coup et t'assommer tout seul ! » Il désamorce ainsi une situation dans laquelle Kevin s'était enfermé. Imperceptiblement, cet épisode tisse un lien entre l'enfant et l'adulte. Kevin, au cours des semaines qui suivent, recherche l'attention de ce père de substitution. Il organise des courses ou des jeux entre copains qu'il demande au maître d'arbitrer, puis participe à l'atelier théâtre que ce dernier organise dans l'intercours, après la cantine.

La question de l'obéissance est liée à l'acceptation de la règle. Obéir n'est pas une attitude spontanée ou naturelle. L'enfant (mais cela concerne aussi certains adultes…) a même plutôt tendance à attendre de l'autre, ses parents, ses camarades de classe, mais aussi les objets qu'il peut rendre responsables de ses échecs (toujours ce fameux vélo qui s'acharne à le faire tomber, ou ces rollers qui vont trop vite), qu'ils se plient à ses moindres volontés. Le renoncement à son propre désir pour se soumettre à celui d'un autre ne va pas de soi. Il ne s'effectue pas par « esprit d'obéissance », mais porté par deux bras essentiels : l'astreinte familiale et sociale et l'amour. L'enfant est dépendant de la première pour chacun des besoins de son existence, et il doit donc s'y soumettre sous peine d'être démuni et de souffrir. Quant à l'amour, il s'agit de celui qu'il a pour ses parents, pour ses proches ou ses camarades, qu'il ressent en retour et qu'il veut conserver ou conquérir. Bien se faire obéir n'est donc pas forcément une question de sanction, mais plutôt une histoire d'affection.

La sexualité infantile à l'âge de raison

La sexualité est un aspect ordinaire du fonctionnement humain et concerne l'individu dès son plus jeune âge. Il convient de ne pas confondre la sexualité infantile qui concerne les processus physiologiques et psychologiques concourant au bon développement des enfants, et la sexualité adulte (« le sexe » comme on le nomme souvent) qui correspond aux activités ou comportements sexuels et érotiques que des individus matures peuvent avoir seuls ou ensemble.

« Les filles avec les filles, les garçons avec les garçons ! »

La sexualité infantile se développe selon plusieurs axes qui portent à la fois sur les relations à soi et aux autres. Elle concerne à la fois ce que l'on ressent sur le plan corporel, celui des sensations, des émotions et des sentiments, comme sur ce que l'on éprouve vis-à-vis des autres, de ceux qui nous sont le plus proches, les parents, à ceux dont nous sommes le plus éloigné comme les camarades de classe ou la maîtresse. Elle permet également que se dessine notre conscience d'être garçon ou fille, influence nos goûts et nos envies et participe à la constitution de notre personnalité.

Chez l'enfant de l'âge de raison, le sentiment identitaire d'être fille ou garçon, comme tout ce que cela implique, est stable. On constate d'ailleurs, malgré la mixité des classes et des lieux qui accueillent les enfants, qu'un clivage fille/garçon s'installe de façon nette à cette période. Les enfants se regroupent par genre : « Les filles avec les filles, les garçons avec les garçons ! » résonne régulièrement dans les cours de récréation. Les jeux se spécialisent : il y a ceux des filles et ceux des garçons, et gare à celui ou celle qui se trompe, on ne se gênera pas pour lui en faire la remarque. Chacun des groupes parle de l'autre en termes généraux, souvent critiques : « Les garçons sont bêtes et cherchent toujours la bagarre... », « les filles pleurent tout le temps ou font leurs malignes... », et se définit par ce qu'il aime : quand les garçons jouent au foot ou collectionnent les billes ou les voitures, les filles choisissent les poupées et les robes.

Un conformisme apparent Il supporte parfois quelques variantes. Certains garçons ont plaisir à jouer à des jeux dits « de filles », mais hésitent à le revendiquer, certaines filles se proposent de participer à la partie de foot, « pour remplacer »... Quoi qu'il en soit, il n'y a nul doute dans l'esprit de ces enfants sur ce qu'ils sont et cela n'a aucune raison d'inquiéter les parents.

Cependant, que se passe-t-il derrière ces façades tranquilles ? Parallèlement à l'organisation du sentiment identitaire qu'en est-il des émotions de l'enfant ?

Nos sens sont vecteurs de sensations. Le plaisir de voir, d'entendre ou de goûter des choses agréables, les stimulations liées au toucher sont à l'origine de phénomènes d'excitation dont la pulsion est le moteur qui pousse à la recherche de ces sensations. Les zones érogènes, en particulier les parties génitales, sont les principales sources d'excitation et vont être le centre de nombreuses pulsions, quel que soit le sens qui les porte (l'envie de voir, ou « pulsion scotophile », celle de goûter, comme celle de toucher ou du plaisir sensoriel).

La curiosité est un joli défaut

«Dis papa, comment on fait les bébés ?» Lorsqu'elle n'est pas formulée aussi directement, la curiosité sexuelle de l'enfant peut prendre différentes formes. Elle se manifeste dans son comportement et dans ses jeux : c'est l'enfant qui se dévêt en public et tire une grande satisfaction des réactions, amusées ou outrées de l'entourage, c'est celui qui joue au docteur ou au papa et à la maman avec les cousins et cousines, ou s'attarde dans la salle de bains pour observer discrètement maman en train de faire sa toilette. Cette curiosité, tout à fait ordinaire est saine chez le jeune enfant, elle témoigne d'un intérêt plus large pour la vie et le monde qui l'entourent. Elle porte bien sûr également sur les relations amoureuses qu'il perçoit entre ses parents et en particulier sur ce qui se passe dans leur chambre à son insu. Il cherche ainsi à comprendre les liens qui unissent ses parents d'autant plus que lui-même se sent des élans affectifs envers eux, mais également en direction de ses frères et sœurs ou de ses camarades.

Généralement, la curiosité est la plus vive entre 3 et 6 ans. Après 6 ans, l'enfant a pris conscience de la différence des sexes, il se sait garçon ou fille, a trouvé un certain nombre de réponses à ses questions et la résolution du complexe d'Œdipe lui permet de déplacer son intérêt vers des individus extérieurs à sa famille. S'il s'intéresse encore à la façon de faire des bébés, c'est dans le cadre d'échanges « scientifiques » avec ses camarades de classe. La curiosité intellectuelle prend le relais de la curiosité sexuelle, portée par ce qu'on pourrait appeler la « pulsion épistémophilique », pulsion de la connaissance, la seule à être encouragée à l'âge de raison.

Cependant, le corps des parents exerce toujours une fascination sur l'enfant, bien plus importante, qui plus est, que celui des enfants de son âge. Car il est à la fois son origine et son devenir. Face à lui, il peut se sentir ridicule, sans valeur, d'autant plus que les différences liées au développement des caractères sexuels secondaires (poils, seins, taille) peuvent l'intriguer ou le fasciner. Il est pour cela important de respecter, voire d'instaurer lorsqu'elle fait défaut, une pudeur légitime à la maison où les espaces favorisent la contiguïté.

Quand le complexe d'Œdipe se résout

La notion de complexe d'Œdipe* est fondamentale, car elle permet de comprendre comment vont s'organiser les sentiments amoureux et d'affection chez l'enfant et l'adulte qu'il va devenir. Le complexe d'Œdipe s'amorce vers 2 ou 3 ans, et sa résolution, vers 6 ou 7 ans, signe le passage dans l'âge de raison. Le concept se résume ainsi : dans les premières années de sa vie, l'enfant se détache de ses parents, de sa mère en particulier avec laquelle il se sentait faire corps. Ce faisant, vers l'âge de 3 ans, le petit garçon qui a pris de la distance vis-à-vis d'elle, commence à porter sur elle un autre regard. Il réalise qu'il ne représente pas tout à ses yeux, et notamment qu'elle entretient avec son père, en particulier, une relation privilégiée. En même temps qu'il ressent une attirance amoureuse vers sa mère, croît une hostilité à l'encontre de son père, qui apparaît comme un rival. Mais c'est un sentiment bien ambivalent, car non seulement ce rival a des atouts que lui n'a pas et qui en font un concurrent sérieux, mais surtout, il s'avère tour à tour être un compagnon de jeu, un protecteur ou un allié quand la mère est absente ou devient « méchante ». C'est celui qui donne ou reprend et l'enfant comprend qu'il lui doit beaucoup et notamment la vie. Et puis la mère le désigne comme modèle. Pour plaire à cette dernière, il va imiter son père, jouant au petit homme, donnant des ordres ou cherchant à l'enlacer ou l'embrasser, comme papa. La fille, comme le garçon, se détache de sa mère, mais comme elle se sait fille, cela lui est plus facile. Elle peut s'identifier à elle et jouer à la petite femme auprès de son père. Au début, ce dernier est également perçu comme un rival qui vient s'interposer dans la relation fusionnelle qu'elle a avec sa mère. Puis, en prenant conscience de la place et du rôle de ce père, elle va aussi imiter

sa mère comme amoureuse de papa. C'est la mère qui alors devient une rivale. Filles et garçons comprennent cependant que cet amour n'est pas possible, que pour former un couple il faut d'abord appartenir à des familles différentes avant d'en former une nouvelle.
L'intégration de l'interdit de l'inceste, comme celle des autres interdits fondamentaux, permet à l'enfant de mettre à distance ces sentiments inadaptés et de les porter vers d'autres enfants ou adultes extérieurs à la famille. Ainsi se résout le conflit œdipien (du nom du légendaire roi de Thèbes qui tua son père et épousa sa mère selon la prédiction vengeresse de l'oracle d'Apollon). L'énergie émotionnelle mise en œuvre dans cette organisation psychoaffective va désormais être dévolue aux relations avec ses pairs et aux apprentissages de toutes sortes, scolaires bien sûr, mais également sociaux. L'enfant va transposer à la sphère sociale les règles et les limites de la vie intrafamiliale. Une bonne intégration de ces différents interdits et une bonne structuration des liens affectifs sont indispensables pour une inscription sociale adaptée et des apprentissages de qualité.

Qu'est-ce que la période de latence ?

L'organisation œdipienne achevée, et jusqu'à la puberté, l'enfant s'installe dans une phase de stabilité sur le plan de la sexualité, qui caractérise cet âge de raison, également évoquée comme période de latence*. Cela ne signifie pas pour autant que les pulsions, en particulier les pulsions sexuelles, ont définitivement disparu. Latent ne veut pas dire absent, mais plutôt caché, en gestation. Certes, l'éducation et les interdits parentaux mettent un cadre aux différentes pulsions de l'enfant, mais cela ne suffit pas à les décharger de leurs tensions libidinales*. Elles vont devoir être déplacées sur autre chose afin de libérer les pensées. Ainsi dégagées des entraves pulsionnelles, elles vont pouvoir se consacrer à d'autres domaines, en particulier les apprentissages, et permettre que se développent d'autres champs de la connaissance et du savoir-faire.

Différents processus psychiques Les sentiments d'interdit et de culpabilité s'élaborent en fonction de l'éducation que l'enfant reçoit ; il prend conscience de l'état affectif dans lequel peut le plonger le fait de transgresser ces limites ou de se rendre coupable de ce que la loi désigne comme faute. Cela favorise le refoulement* des désirs et des représentations mentales nés des pulsions* sexuelles, hors de la conscience, dans une zone non consciente de l'esprit qu'on appelle donc « l'inconscient* ». Cependant, ils peuvent apparaître à l'insu de la volonté de l'enfant, en particulier dans ses rêves ou dans l'expression de certains jeux. Le refoulement qui est assez proche de l'oubli, permet de comprendre l'amnésie de la petite enfance : les sentiments sont indissociables des événements de vie : en refoulant les affects, trop associés aux pulsions sexuelles, l'inconscient refoule dans le même mouvement les souvenirs qui y étaient attachés. Cette absence de mémoire n'a rien à voir avec le temps qui passe, puisqu'on remarque que les enfants de 8 ans n'ont pas plus de souvenirs de leur petite enfance (en dehors de circonstances particulières qui bouleversent le refoulement, une maladie, un accident…) que les adultes.

Ce refoulement, qui permet l'acceptation des règles sociales, doit rester cependant suffisamment souple et partiel, afin de laisser disponible une certaine quantité d'énergie psychique et d'éviter que l'enfant ne soit ou trop rigide, ou trop inhibé dans son fonctionnement intellectuel. Cette part issue des pulsions sexuelles subit une autre transformation afin de devenir acceptable par la conscience, car valorisée par la famille ou la société, et s'exprime ainsi sous forme d'activités intellectuelles, artistiques, morales ou religieuses, par le jeu ou le sport, dans les apprentissages et les moments de créativité. Ce processus est décrit en psychanalyse sous le terme de sublimation*. Le plaisir du tout-petit à manipuler ses excréments se mue en plaisir de faire de la poterie ou de la peinture ; les tensions sexuelles portées par le corps trouvent dans le sport ou le théâtre un mode idéal d'expression ; les désirs amoureux vibrent d'un écho plus serein dans la lecture et les romans…

La socialisation est un autre mécanisme proche de la sublimation : il consiste à rendre socialement acceptables les pulsions en faisant (à l'âge adulte) ou en projetant de faire (pour l'enfant en âge de raison) une activité approuvée et reconnue par la société, à l'image du pompier qui « utilise son gros tuyau pour éteindre le feu » (des passions).

Les formations réactionnelles ont pour objet de transmuter en son contraire des tendances ou des désirs inconcevables par la conscience ; ces nouvelles tendances sont, elles, familialement et socialement recevables : les pulsions agressives se muent en courtoisie, l'exhibitionnisme en pudeur excessive, l'attirance en dégoût (Freud donne l'exemple de la phobie* des serpents qui correspondrait à la curiosité pour le sexe masculin). Il peut en être de même pour les sentiments. C'est l'exemple même de la jalousie qui se change en un sens aigu de la justice selon un processus qui se résume ainsi : « Puisque je ne suis pas le préféré, que personne ne jouisse de traitement de faveur. »

Grâce à tous ces processus qui permettent le refoulement ou la sublimation des rivalités et des désirs œdipiens, l'enfant peut se détacher affectivement de ses parents et du noyau familial pour s'intéresser aux autres groupes, aimer d'autres activités scolaires, artistiques ou sportives, mais également choisir d'autres modèles d'identification parmi les personnes de son environnement et les personnages des fictions.

Les instances éducatives et pédagogiques peuvent mettre à profit cette période d'équilibre, non parce que les forces vives qui agitaient son psychisme ont disparu, mais parce qu'elles sont domptées, cultivées et canalisées.

Comportements sexuels des enfants de 6 à 11 ans

En dehors des périodes de transition (postœdipienne et de la préadolescence) les enfants de l'âge de raison ont donc peu de manifestations sexualisées. Les pulsions sont loin d'avoir disparu, mais refoulement, sublimation et formations réactionnelles jouent leur rôle efficacement. L'éducation familiale et le regard social en entretiennent le contrôle. Même les gestes les plus anodins sont parfois évités, comme embrasser un adulte ou un enfant que l'on ne connaît pas. Le langage, en revanche, peut se faire, par instants, le vecteur d'une certaine forme de sexualité, mais par le biais de la plaisanterie ou de la blague, des grossièretés ou des jurons. Cela se confirme dans l'intérêt pour les personnages de bande dessinée qui y ont recours (comme le célèbre Titeuf), les émissions télévisées de divertissement grand public au comique grivois, ou la fréquence des injures dans les cours de récréation. Elles ont également pour fonction de conférer un statut de « grand » à celui qui les profère. Les activités masturbatoires ne disparaissent pas non plus, mais concernent moins d'enfants et diminuent en fréquence.

Jeux de mains, jeux de gamins

Le terme de « masturbation » peut parfois heurter les parents lorsqu'il est évoqué pour leur enfant. Il correspond pourtant à une réalité qu'il convient peut-être d'expliciter. Il s'agit simplement du fait de toucher ses parties sensibles du corps, en particulier sexuelles, pour en ressentir du plaisir ou du réconfort. Dès la naissance et jusqu'à 3 ans, l'enfant découvre progressivement les caractéristiques physiques et sensorielles de son corps, et en particulier celles de ses organes génitaux ; cela se passe en toute « innocence » au hasard des contacts que ses mains ont avec les différentes parties sur lesquelles elles se posent. C'est un âge où il explore tout de ses yeux et de ses mains, tripote et agrippe tout ce qui est à sa portée. Est-ce un hasard si la nature lui a fait des bras d'une longueur idéale pour avoir accès à ses zones si sensibles ? Les soins corporels que lui prodiguent ses parents jouent également un rôle par le bien-être qu'ils lui apportent. Dans le même temps se construit son identité sexuelle, c'est-à-dire le fait de se savoir garçon ou fille. Il constate en particulier que ses organes génitaux sont communs à tous les enfants du même genre que lui mais ne se retrouvent pas chez ceux de l'autre sexe. Puis à partir de 2, 3 ans, l'enfant manipule son sexe de façon plus volontaire, au gré du plaisir que cela lui procure. Ce sont, selon les termes de Freud, les « activités de la première enfance en quête de jouissance locale que tel ou tel organe est susceptible de procurer » ; cela ne concerne pas que le sexe, mais toute zone sensible de son corps, qu'il va toutefois plus ou moins investir selon son pouvoir érogène. À l'âge de latence, ces activités diminuent, sans forcément disparaître totalement, pour ressurgir vers 9 ou 10 ans lorsque s'éveillent les prémices de la préadolescence.

Il n'est bien sûr pas question de les interdire. On peut même reconnaître que c'est agréable, mais qu'il s'agit de choses qui ne se font que dans l'intimité, dans la chambre ou dans la salle de bains, par exemple.

Vigilance et interdits Il arrive parfois que des jeux sexuels entre enfants persistent après 7 ans. Ce n'est pas toujours anodin et il convient d'être vigilant et de répondre de façon adaptée à la situation. Punitions ou réprimandes ne correspondent pas forcément aux réactions les plus judicieuses. Il s'agit peut-être d'enfants dont les repères n'ont pas été suffisamment établis, qui n'ont pas intégré les interdits et les lois sociales, ou dont les processus affectifs sont encore immatures. Ils ont pour cela davantage besoin d'être accompagnés sur le plan affectif, éducatif et psychologique. Il se peut également que certains aient été le jouet d'enfants plus grands ou d'adultes malintentionnés. Demander conseil à un professionnel de l'enfance peut dans ce cas s'avérer fort utile.

Que les enfants de cet âge posent peu de questions ne doit pas nous empêcher d'être attentifs face à leurs interrogations tacites. Il est toujours salutaire de rappeler, avec des mots que l'enfant peut comprendre, les interdits fondamentaux. Celui de l'inceste : personne ne peut se marier – avoir des relations sexuelles – avec sa maman ou son papa, comme celui de la pédophilie : les relations sexuelles sont interdites entre enfants et adultes. D'une façon plus large, il est important de mentionner que l'amour physique est réservé aux adultes (comme d'ailleurs un certain nombre de choses qui sont bonnes pour les grands et nocives pour les enfants), qu'il faut attendre la majorité sexuelle (fixée à 15 ans en France) pour y avoir accès. On expliquera à l'enfant, par exemple, que personne, ni adulte, ni enfant, n'a le droit de toucher son corps pour jouer avec son sexe, pas plus que de montrer le sien ou de lui demander de le toucher.

À l'amorce de la puberté, au cours de la préadolescence, il peut être adapté de rassurer les jeunes sur les modifications qu'ils sont en train de vivre, et ce qui en découle, les menstruations chez la fille, les premières éjaculations nocturnes chez le garçon, avant qu'elles ne surviennent et les angoissent. Là aussi, des mots simples sont plus appropriés qu'un discours trop scientifique, qui, s'il semble faciliter la tâche des parents, rend l'amour bien triste et mécanique.

L'estime de soi

L'association de toutes ces expériences, réussites ou échecs, auxquelles viennent s'adjoindre les émotions positives ou désagréables, contribue à forger l'estime de soi. Tout individu a une estime de lui-même qui sera selon les cas plus ou moins forte ou affirmée. Elle correspond à ce qu'il pense valoir, en tant qu'être humain, aux impressions qu'il ressent à son égard, selon qu'il se perçoit suffisamment aimable, digne d'intérêt, et capable de réaliser ce qu'on attend de lui.

Savoir encourager l'enfant

Cette estime de soi évolue avec le temps en fonction des réussites et des échecs et surtout de la façon dont l'enfant va surmonter ce qu'il rencontre comme difficultés. Sa personnalité, sa sensibilité, ses capacités à gérer ses émotions, par la manière dont il colore ces expériences, influent sur elles directement. Le rôle des parents n'est pas neutre, et l'attitude avec laquelle ils vont soutenir cet enchaînement d'expériences non plus. La séquence d'accompagnement peut se résumer ainsi : encourager l'enfant pendant l'épreuve, relativiser l'échec pour lui permettre d'essayer à nouveau, ou le féliciter après un succès. Toute la subtilité est de trouver le juste équilibre. Relativiser ne veut pas dire négliger, car prendre à la légère un événement que l'enfant a énormément investi peut le blesser profondément. De même qu'il sera inutile de féliciter à l'excès un succès que

l'enfant jugerait trop facile ou pour lequel il n'envisageait qu'une issue favorable, on évitera, sous couvert d'encouragements, de manifester une inquiétude qui pourrait faire douter l'enfant sur ses chances de réussite. Cela nécessite juste de bien-être à son écoute.
L'aider à bien s'aimer passe par une multitude d'attentions plus ou moins spontanées. Être attentif à ce qu'il fait, par ou des regards ou des questions portés sur son travail, la mise en valeur de ses réalisations, (ses dessins que l'on expose, par exemple), de ses comportements. Notons à ce titre qu'il est plus efficace d'encourager une attitude positive que d'en punir une que l'on jugerait négative. On a souvent tendance à passer sous silence une bonne action parce qu'elle nous paraît naturelle et à condamner vertement une mauvaise. Or, ce qui est évident pour l'adulte ne l'est pas forcément pour l'enfant et, surtout, il se souviendra plus longtemps d'une faute qu'il aura commise et de sa punition que de tout ce qu'il aura fait de bien dans la journée.

Tous les moyens sont bons L'enfant doit sentir qu'il est capable de faire et penser par lui-même ; lorsqu'il doute ou hésite, on peut lui proposer de l'accompagner, cela ne veut pas dire qu'il faut faire à sa place, ou le laisser se débrouiller seul en se contentant d'un : « Fais un effort, tu peux y arriver, si tu veux ! » Faire ensemble et en famille souligne l'intérêt des actions de groupe, du travail d'équipe, et la vie familiale offre mille occasions pour cela : mettre la table, préparer le repas, organiser les vacances…

En revanche, même si l'idée, louable en soi, est de proposer un exemple à suivre, on évitera les comparaisons avec un frère ou une sœur modèle, un petit voisin ou un camarade de classe. C'est le pire des poisons pour l'estime de soi ! Les enfants d'une fratrie sont différents les uns des autres, avec chacun leurs qualités et leurs défauts, et rien ne justifie de prendre l'un comme exemple au détriment des autres, ni de porter au pinacle le fils du voisin, dont on ne sait rien des affres qu'il peut faire subir à ses parents dans l'intimité familiale.

Les activités d'éveil

Encourager ses intérêts dans tous les domaines, favoriser l'éclosion de ses goûts personnels, sont autant de missions qui incombent aux parents. L'enfant de l'âge de raison a besoin d'activités psychomotrices variées, qui le stimulent à la fois sur le plan physique, intellectuel et affectif. Les activités extrascolaires jouent en cela un rôle important, qu'il s'agisse d'animations non spécifiques en centre aéré, de sports ou de loisirs artistiques dans le cadre dirigé d'un club ou d'une association. Les processus de sublimation évoqués précédemment contribuent à l'éclosion d'émotions artistiques fortes, vécues parfois comme de véritables révélations. Un livre, un film, une exposition, peuvent susciter un émoi tel qu'ils sont susceptibles d'ouvrir la porte au désir de lire tous les romans du même écrivain ou du même genre ou de voir d'autres œuvres de l'artiste découvert. À l'inverse, un enfant peut se montrer hésitant, ne pas avoir d'idée, sur le sport ou l'activité artistique qu'il a envie de pratiquer. Proposez-lui le choix entre plusieurs options, qu'il essaiera, par exemple, lors des journées portes ouvertes que proposent certains clubs, mais ne lui imposez pas celle que vous auriez aimé faire quand vous étiez petit(e). Et s'il demande à changer l'année suivante, il n'y a pas à s'en formaliser. Le dilettantisme est de bon augure à cet âge où la raison se nourrit d'expériences.

Le goût de lire

L'école apprend à lire, mais n'enseigne pas le goût de lire. Or, on connaît l'importance de la lecture dans le développement intellectuel, cognitif et affectif de l'enfant, particulièrement après 6 ans, où la curiosité sexuelle infantile (« dis papa, comment on fait les bébés ? ») cède la place à la curiosité générale. La lecture apporte des réponses, mais plus encore, stimule l'envie de savoir, de comprendre, cultive la mémoire et l'imagination, celles qui donnent le pouvoir de rêver et surtout d'élaborer des solutions nouvelles.

L'école développe la faculté de comprendre, mais la perception du sens n'est pas la seule fonction nécessaire pour aimer la lecture. Il faut également des capacités d'imagination (celles qui permettent de se représenter en images mentales les mots écrits). C'est à un contrat implicite que la lecture nous engage : faire s'accorder dans un juste équilibre les données qui viennent de l'auteur (son récit et ses mots) et celles qui viennent de nous (nos capacités imaginatives propres et notre sensibilité qui sont liées à notre vécu et aux souvenirs qu'on en a).

C'est essentiellement en dehors de l'école que se cultive le plaisir de la lecture. Or, communiquer le goût de lire ne va pas de soi. Cela tient à la fois de la transmission et de la transgression. On sait la part de l'héritage des parents : lorsque ces derniers aiment lire ou tiennent simplement le livre ou les écrivains en bonne estime, ils favorisent l'intérêt que leur enfant peut leur porter. Parce qu'il aura pris l'habitude et le plaisir d'écouter les histoires, le soir au coucher par exemple, il aura plus tard envie de parcourir à son tour ses propres livres. Mais c'est également une conquête personnelle, qui permet d'affirmer ses goûts, de s'affilier à un groupe, ou de soutenir une relation amicale. L'enfant préférera le livre conseillé par son copain à celui imposé par la maîtresse ou offert par le père. Comme il jettera plus facilement son dévolu sur les lectures interdites, qu'elles le soient parce que c'est l'heure de dormir, ou parce qu'elles sont jugées inconvenantes ou inappropriées. Il les dévorera avec d'autant plus de plaisir, sous les draps de son lit à la lueur d'une lampe de poche.

On soulignera cependant que quelles que soient les activités choisies, il est important qu'elles conservent une forte charge ludique. Car de toutes les activités nécessaires au bon développement cognitif et affectif de l'enfant de cet âge, le jeu demeure la plus essentielle.

Le jeu et l'imagination

Le jeu représente plus qu'une simple distraction dans la vie de l'enfant. Il semble tout à la fois inné – celui-ci joue dès son plus jeune âge, et avec les instruments les plus élémentaires, ses mains d'abord, puis les objets les plus simples à sa portée – et indispensable à sa maturation et à sa socialisation. Il s'avère également un outil fort utile dans l'approche thérapeutique, comme nous le verrons dans le dernier chapitre de cet ouvrage. Il apparaît comme une fonction naturelle de l'être humain (concernant tout autant l'adulte que l'enfant, et même les mammifères supérieurs), qui apparaît à la fois comme un moyen d'évacuer un surplus d'énergie psychique et motrice, et une manière d'exercer, de développer et d'entretenir des compétences innées, acquises ou en développement.

L'âge des jeux de groupe À l'âge de raison, le jeu devient le support des relations sociales, c'est l'avènement du jeu en groupe. Sa fonction créatrice est toujours de mise, elle s'exprime cependant différemment, en associant les points de vue et l'imagination de chaque participant. Il donne aussi l'occasion d'apprendre à gagner et à perdre, ou plutôt, à développer l'aptitude à gérer les sentiments de frustration et les blessures d'amour-propre que génère la confrontation avec des intelligences, des habiletés, des capacités ou des forces différentes de la sienne.

Car ces jeux de groupe se font les vecteurs d'importantes charges émotionnelles. La réaction de dépit d'un enfant qui perd à un jeu peut parfois nous paraître excessive : il pleure, explose se met dans une colère noire, jette au visage de son adversaire le ballon de la défaite... Quelle que soit notre surprise ou notre désapprobation face à de tels agissements, il importe d'en comprendre les fondements. On consolera plus efficacement (et, par là même, on évitera que ne se reproduisent ces comportements) en faisant preuve d'empathie, d'écoute et de réassurance (en analysant la partie ensemble, par exemple : « là, tu as vraiment bien joué, en revanche telle action t'a fait perdre la balle... »), plutôt qu'en se bornant à relativiser (« ce n'est pas grave, ce n'est qu'un jeu ! »), à ignorer la peine ressentie, ou pire, en sanctionnant ce qui ne nous paraît pas acceptable.

Ces activités ludiques ont une fonction primordiale, pour l'enfant de l'âge de raison : elles viennent soutenir ce qu'il apprend par ailleurs comme le respect des règles et les risques inhérents à leur transgression. Car l'enfant fait également l'apprentissage de la « triche », qui peut se retourner contre celui qui y a recours : pris en flagrant délit, le tricheur devient la cible de la vindicte de ses petits camarades, celui qu'on exclut, avec qui plus personne ne veut jouer. À moins qu'elle ne soit elle-même érigée en jeu, favorisant la perception de la relativité des règles : certaines sont fondamentales, d'autres secondaires, d'autres encore ont des vertus transgressives. Le tout est de bien savoir les distinguer et de ne pas se tromper. À l'âge de raison, on obéit à la règle, pas à un chef, et le groupe d'enfants, « la bande », s'organise davantage autour de jeux communs qu'autour d'un individu en particulier. Aussi, il n'est pas rare que la constitution du groupe évolue, change d'un jour sur l'autre, ce qui ne sera plus le cas à l'adolescence, où les alliances se font par affinités et se nouent dans la fidélité. Ces règles se transmettent de génération en génération avec de bien infimes modifications. Les parents s'étonnent d'ailleurs souvent de voir leur rejeton s'amuser aux mêmes activités que celles qui étaient à la mode dans les cours de récréation de leur époque.

Qu'il s'agisse de jeux d'extérieur (les gendarmes et les voleurs, chat, Jacques a dit...) ou de société pratiqués dans le confort d'une chambre ou d'une salle de classe, leurs vertus sont multiples. Ils développent l'intelligence (en stimulant l'épanouissement de l'esprit stratégique et en favorisant des expérimentations variées) et les facultés d'échange, renforcent les sentiments de partage et de solidarité au sein d'une équipe (l'ennemi de la veille devient l'allié du jour).

Des jeux plus que des jouets On soulignera l'importance du jeu par rapport au jouet. Le jouet n'est que le médiateur du premier ; c'est parce que le jeu développe les capacités d'imagination et d'illusion qu'il est possible d'avoir recours au jouet qui peut n'être qu'un objet des plus simples : un morceau de bois se transforme en épée et quelques chiffons deviennent le plus beau des poupons... Certains jeux se satisfont de la parole seule : les jeux d'imagination ou jeux de rôles, dans lesquels chacun se donne des consignes qui structurent le jeu et le font évoluer : « On dirait que tu serais la princesse et que tu ferais ça, puis ça... » À l'inverse, certains jouets sont si sophistiqués qu'ils en deviennent trop limités dans leur fonction, ce qui en réduit l'utilisation. Quand la mère de Morgan, 7 ans, lui demande pourquoi il préfère les armes qu'il a construites avec deux morceaux de bois à celles qu'il a reçues pour Noël, il répond avec un air d'évidence : « Enfin maman, tu as déjà vu des cow-boys avec des pistolets laser ? ! »

Le cercle vicieux dans lequel s'inscrivent les enfants d'aujourd'hui et leurs parents est justement dû à l'évolution et la multiplicité des jouets actuels, trop nombreux et trop spécifiques. L'enfant se lasse de son jouet assez rapidement en ayant le désir d'en acquérir un autre, probablement assez peu différent, mais qui représente une « nouvelle version » ou une autre gamme. On lui remplace alors, mais il prend raremenr le temps de le redécouvrir ou de l'investir différemment.

Vers 8 ans, portée par les évolutions affectives propres à l'âge de raison, la préférence va cependant vers les jouets qui favorisent les échanges avec les autres. On peut noter à ce titre que les jeux vidéo sont moins solitaires qu'on pourrait le croire puisque les enfants peuvent se connecter entre eux ou jouer à deux ou à plusieurs sur la console : les jeux vidéo sont aussi le support d'échanges qui se font à l'extérieur, autour du partage d'informations, sur les nouvelles versions qui vont sortir, les astuces à trouver ou les « soluces » qui permettent de résoudre un passage difficile, les livres et les divers produits dérivés. Ils contribuent au sentiment d'appartenir à un groupe.

Or, la possibilité d'appartenir à un groupe de jeu est fondamentale à cet âge. Elle constitue une alternative bien salutaire aux groupes familial et scolaire, en particulier lorsque l'enfant rencontre des difficultés dans l'un ou l'autre de ces deux derniers. Favoriser les formes de loisirs de groupe (clubs de sport, centres aérés, scoutisme) offre un espace indépendant où les attentes sont différentes, quand école et univers familial forment souvent une dyade et se répondent en écho. L'école se fait le miroir des attentes des parents, et ces derniers sont soucieux de ce qui se passe en classe. En cas de mauvaises notes à l'école, on peut s'attendre à des reproches à la maison... de même que les conflits familiaux peuvent avoir des répercussions sur le fonctionnement scolaire.

L'intérêt est également de permettre que se forme un groupe de copains que l'on se choisit.

Dis-moi comment tu joues, je te dirais où tu en es

L'évolution des modes de jeux est directement en lien avec le développement mental de l'enfant. J. Piaget, encore lui ! a classé les jeux selon la manière dont ils se structurent et a mis ainsi en évidence la façon avec laquelle ils suivent au plus près l'évolution des processus cognitifs.

• Les jeux d'exercices sont les premiers à se mettre en place. Ils concernent les enfants de la naissance jusqu'à 2 ans, en pleine période sensori-motrice. Le bébé utilise spontanément ses capacités sensorielles et motrices dans des activités autonomes qui lui apportent du plaisir : il fait des bruits avec sa bouche, promène ses mains devant ses yeux, agite ses bras ou saisit ses pieds pour jouer avec... Il introduit dans ces jeux les objets que son entourage lui propose, les utilisant de façon de plus en plus sophistiquée au fur et à mesure que ses capacités se développent. Il balance l'oiseau suspendu au-dessus de lui, jette la balle qu'on lui rapporte, fait rouler la voiture qu'il tire au bout d'une corde. D'exercices réflexes en adaptations intentionnelles, la répétition de ces actions et l'introduction de nouveaux objets favorisent l'apparition d'activités ludiques de plus en plus élaborées, qui se chargent de significations particulières et d'intentions personnelles.

• Les jeux symboliques vont prendre progressivement le pas sur les jeux purement psychomoteurs. L'enfant, après 2 ans, va introduire une dimension symbolique dans l'exercice simple du jeu. L'utilisation du symbolisme et de la fiction traduit sa capacité à évoquer une réalité qu'il connaît, mais qui n'est pas présente sur le moment, par des gestes ou des objets qui ne sont pas en soi ce qu'ils sont censés représenter. L'exemple est illustré par la petite Mathilde qui, tout en sollicitant sa mère d'un

«allo, maman?», colle une banane sur son oreille pour imiter le combiné d'un téléphone, ou de Salim et David qui transforment les deux doigts de leur main en d'inoffensifs revolvers pour jouer à la guerre. C'est une étape majeure du développement de la pensée de l'enfant qui souligne qu'il acquiert la possibilité de créer et de manipuler des images mentales propres à organiser sa pensée à un stade où son langage n'a pas encore atteint sa pleine maîtrise. Grâce à la répétition, elles permettent à l'enfant d'assimiler de nouvelles situations. La communication avec l'autre peut s'enrichir de cette aptitude, car l'enfant comprend que son interlocuteur est doué d'une pensée indépendante de la sienne, mais qui fonctionne avec les mêmes codes («maman sait que je sais que ce n'est qu'une banane, et je sais qu'elle a compris que je lui fais croire que c'est un téléphone pour que l'on joue ensemble...» pense inconsciemment la petite Mathilde). C'est le jeu du faire semblant, du «comme si» qui devient le «pour de faux» qui ouvre les portes de l'humour infantile. «On dirait que tu serais la marchande et moi la dame...» propose Ingrid à sa petite sœur, quand Medhi dit en riant à son père, qui feint d'être très inquiet devant son fils qui se tient la tête en faisant semblant de s'être cogné: «C'est une blague, j'ai même pas mal!»

• Les jeux de règles se développent vers 6 ou 7 ans. Qu'ils nécessitent un support matériel (cartes, dés, plateau de jeu...) ou juste un espace d'expression (la cour de récréation, le calme de la chambre...), ils reposent sur des conventions établies, et connues de l'ensemble des joueurs qui sont censés les respecter. C'est l'activité ludique caractéristique de l'entrée dans l'âge de raison, et sa fréquence va augmenter tout au long de cette période, alors que les autres types de jeux vont diminuer avec le temps. Elle se poursuit bien après, jusqu'à l'âge adulte, ce qui souligne toute l'importance des relations et des codes sociaux qui leur sont associés.

Loin de papa, loin de maman: les colonies de vacances L'ouverture aux autres en dehors de la maison et de l'école s'appréhende grâce à certaines activités proposées aux enfants: camps scouts, colonies de vacances, stages sportifs ou culturels. Vers

10 ans, une séparation avec papa et maman s'avère tout à fait bénéfique. Elle permet de se confronter à de nouvelles réalités, de favoriser une autonomisation, en particulier affective (ce qui ne veut pas dire qu'on va moins s'aimer, au contraire !). Il n'est pas nécessaire que la séparation soit de longue durée. Une semaine pour commencer est amplement suffisante. Les craintes des parents sont bien compréhensibles, leur absence, pour l'enfant, parfois inquiétante. Il sera possible d'y répondre en portant une attention particulière au choix de la colonie ou du lieu de stage et en se renseignant, auprès de la directrice et des moniteurs, sur l'encadrement, l'organisation (si les groupes d'âge sont adaptés, les lieux sécurisés...) et les loisirs proposés. On pourra demander conseil aux familles amies ayant eu recours aux mêmes structures. Enfin, il ne sera pas superflu de préparer son enfant, que ce soit sur un plan général (voir le chapitre sur la prévention des mauvaises rencontres) ou de façon plus spécifique, par rapport au séjour en lui-même. Il sera utile de faire le point sur ses besoins, de préparer la valise avec lui et d'y glisser un petit cadeau, un objet qui souligne notre attention et lui permette de ressentir notre présence même à distance ou un appareil photo jetable qui fasse de lui le reporter ou « l'envoyé spécial » de ses parents en territoire inconnu ; on le rassurera sur la possibilité de nous contacter si problème, les moyens sont nombreux en fonction de l'imagination de chacun. Puis, pendant, le séjour on n'hésitera pas à lui adresser du courrier, lui donner des nouvelles régulières, l'appeler au téléphone ou lui envoyer un mail si l'organisation le permet, voire lui faire parvenir un petit colis.

Quand un enfant ne joue pas

C'est toujours un motif d'inquiétude. Outre les conséquences que cela peut avoir pour l'enfant, qui peut se retrouver isolé ou mis à l'index par ses camarades, cette attitude interroge sur les difficultés affectives ou psychologiques que cela peut recouvrir ou favoriser. Différents cas peuvent s'observer :

- L'enfant sage, celui qui joue peu, posément, ou avec sérieux et application, n'est, bien sûr, pas forcément un enfant qui présente des troubles psychologiques. Cela peut correspondre à une personnalité calme, ou timide, que l'agitation d'une cour de récréation inquiète, ou à un caractère dominé par le désir de satisfaire les parents, et qui s'impose des exigences de respect des règles et de performances.
- L'enfant hypermature est souvent issu de famille où il est amené à prendre très précocement des responsabilités d'adulte : aîné d'une fratrie nombreuse, enfant de parents séparés, isolés, ou qu'une maladie chronique rend dépendant. Il se conduit en conséquence comme un adulte en miniature, plus soucieux à la maison de prendre en charge ses frères et sœurs, son parent fragile ou de s'occuper des tâches domestiques que de s'y distraire. L'école et le voisinage deviennent les lieux d'expression où il évacue les tensions que cette situation peut favoriser, en particulier le sentiment d'enfermement ou d'emprise de la part de ses proches dont il peut ressentir le besoin de se libérer. Il arrive que cela se traduise dans ses jeux à l'extérieur où se révèle une part d'agressivité ou de domination.
- L'enfant déprimé peut manifester son trouble de différentes façons. C'est un enfant au visage figé, au regard vide, pas forcément triste, mais qui sera peu intéressé par les activités de son âge, en particulier les jeux. Il s'avère soit plutôt en retrait et inhibé, soit, à l'inverse, trop agité, dans une instabilité psychique et motrice inadaptée.

Dieu, le Père Noël et la petite souris : les croyances des 6-11 ans

Le monde de l'enfant s'élargit à partir de 6 ans à ceux qui l'entourent, celui des voisins, de l'école, des autres familles, puis à celui des autres populations, au-delà des frontières. Les connaissances qu'il acquiert, en particulier à l'école, stimulent son envie de comprendre l'univers dans lequel il évolue et notamment son origine. Comment s'est formée la Terre, d'où vient le vent, qu'y a-t-il derrière les nuages et au-delà du ciel... Les réponses qu'il trouve façonnent ainsi ses croyances que le milieu dans lequel il grandit, la culture, les convictions religieuses (ou leur absence) et les positions philosophiques viennent agrémenter. En fonction des coutumes auxquelles il est confronté, que ce soient celles de ses parents ou de camarades de classe, et du discours qu'il entend, se constitue progressivement une idée de la religion.

L'idée de Dieu...

Ses convictions religieuses, même si elles restent en totale adhésion avec celles de ses parents, prennent véritablement sens pour lui, il se les approprie. Il comprend ce que signifie aller à la messe, au temple ou à la synagogue, la valeur que représente l'enseignement coranique ou le catéchisme ; il y souscrit cependant essentiellement dans le désir de plaire à ses parents et de leur être conforme. L'enfant de l'âge de raison a de Dieu une vision encore très concrète : c'est un être presque palpable, une sorte de « super-parent », qui vit quelque part, dans le ciel ou sur une autre planète, et qu'il pare des qualités et des pouvoirs des personnages fantastiques qu'il admire. Prier, ou lui faire allégeance, a essentiellement pour intérêt de s'attirer les bonnes grâces ou de mettre à son service, celui que l'on imagine volontiers comme un « super-magicien » capable d'exaucer nos souhaits ou comme le grand policier de l'univers. Une vision plus personnelle apparaît progressivement à mesure que sa pensée se nuance de dimensions symboliques. L'idée de Dieu, ou d'une entité supérieure, préexiste toutefois à la prise de conscience de la réalité des religions qui le vénèrent. Elle provient probablement du sentiment, ancré précocement dans le nourrisson, d'être dépendant de quelqu'un de tout-puissant, en l'occurrence ses parents. Ses dieux vivants sont avant tout maman et papa. La vision que l'enfant aura plus tard de Dieu (sécurisant ou inaccessible, généreux ou intransigeant, vengeur ou magnanime) va pour beaucoup dépendre de la coloration affective dont se teintent ses relations parentales et son éducation.

Le cap des 6, 7 ans correspond pour cela parfois à une « crise religieuse » en ce sens où s'opère dans l'esprit de l'enfant une remise en question du caractère tout-puissant et divin de ses parents. De façon brusque ou plus progressive il réalise soit, si ses parents sont croyants, qu'il existe une entité supérieure devant laquelle ils se prosternent, qu'ils vénèrent ou qu'ils redoutent, soit, s'ils sont laïques ou agnostiques, que la nature et les lois qui régissent le monde sont plus puissantes qu'eux ; en bref, qu'ils ne sont que des humains, avec leurs défauts, leurs faiblesses, leur impuissance. Il peut être nécessaire, pour limiter le désarroi que cette découverte peut favoriser, de l'y préparer en reconnaissant nos limites lorsqu'on y est confronté, et en renonçant à maintenir la transcendance que le statut de parent nous confère. Cela n'est pas toujours simple, en particulier pour le père ou la mère qui, en fonction de sa propre histoire, de ses liens avec ses propres parents, peut craindre

d'être moins aimé(e) ou déconsidéré(e) par son enfant s'il (elle) ne comble pas toutes ses attentes.
Quelles que soient nos convictions religieuses ou philosophiques, il est important de transmettre à nos enfants nos connaissances des religions. Comme les mythes et les légendes, elles font partie des éléments qui constituent l'histoire du monde, et répondent également à une curiosité métaphysique naturelle de l'enfant. On pourra lui proposer des livres ou des bandes dessinées qui traitent de l'Ancien Testament, de l'Évangile, de la vie de Bouddha ou des aventures de Mahomet, en discuter activement ensemble, ou se contenter de répondre aux questions qu'il nous pose. Son quotidien est ponctué d'événements, de coutumes ou de célébrations qui font écho aux traditions religieuses, qu'il s'agisse des jours de la semaine qui commémorent un saint catholique, de certaines dates du calendrier qui sont à l'origine de périodes de congés ou des grandes fêtes que sont Pâques ou Noël.

... Et du Père Noël

Comment naît l'image du Père Noël dans l'esprit de l'enfant ? C'est avant tout le fait d'une culture sociale qui baigne maintenant la quasi-totalité des foyers du monde, indépendamment de leurs croyances et de leurs religions. Cette coutume transmise par la société et la famille est portée par les habitudes, les cadeaux que l'on offre, le sapin et les décors que l'on déploie, les histoires que l'on raconte autour du vieil homme à barbe blanche.
On pourrait s'interroger sur l'intérêt d'un tel « mensonge organisé » dont tôt ou tard l'enfant va prendre conscience, parfois avec une douloureuse amertume.

À quoi sert le Père Noël ?

Ce bon Père Noël permet que s'élaborent pour l'enfant des figures d'attachement positives autres que celle des parents, symboliques celles-là, qui contribuent à donner au monde qui l'entoure une dimension sécurisante. Cela prépare également la prise de conscience que la toute-puissance parentale, évoquée précédemment, n'existe pas. Bien sûr, il ne s'agit pas de s'acharner à le convaincre de l'existence du Père Noël, mais de le laisser croire à un mythe qui se forge presque de lui-même. On peut parler du Père Noël comme on le ferait d'un personnage qui existe, mais sans lui affirmer qu'il existe véritablement. Jusqu'à quel âge lui laisser croire ? Généralement, après 6 ans, l'enfant n'est plus dupe : le développement d'un raisonnement plus objectif et la confrontation avec les avis des autres enfants contribuent au fait qu'après le CP, une majorité n'y croit plus. Il n'est pas indispensable d'insister (« si, si je l'ai vu » répétait avec conviction une maman à son rejeton incrédule), mais on peut laisser les choses se faire en douceur…

Lorsque les doutes naissent, et que l'enfant commence à remettre en question l'existence du Père Noël par des remarques sur les incohérences qu'il constate (« comment se fait-il que les cadeaux du Père Noël soient déjà dans l'armoire de mamie ? »), on peut éviter de s'acharner à entretenir le mythe, mais il n'appartient pas pour autant aux parents d'en faire la révélation. C'est souvent par le biais de camarades plus âgés ou plus mûrs, de frères et sœurs qui veulent faire état de leurs connaissances avancées, que le pot aux roses est dévoilé. Pierre, un jour, rentre de l'école en pleurant parce qu'un enfant lui a dit qu'il n'existait pas. À la honte d'être traité de bébé, s'ajoute parfois le sentiment d'avoir été trompé. Sa maman (qui a lu Françoise Dolto avec attention) lui explique alors, fort justement, qu'il ne s'agit pas vraiment d'un mensonge, mais qu'il y a des « vérités pour de vrai » et des « vérités pour de faux ». « Le Père Noël est une réalité imaginaire, un mythe : il existe dans la parole et les récits qu'on en fait, dans l'imaginaire, lui précise-t-elle. Il existe pour celui qui y croit. Aussi, tu peux laisser ton petit frère rêver encore un peu. » Plus tard, on pourra lui expliquer l'origine du mythe en lui racontant l'histoire de saint Nicolas, qui vivait en Turquie, qui était gentil avec les enfants et offrait des cadeaux aux plus pauvres.

Quoi qu'il en soit, et cela est valable pour bien des croyances, il ne faut pas chercher à convaincre les enfants que l'on croit en quelque chose si on n'y croit pas.

La petite souris et la symbolique des dents

Quant à l'histoire de la « petite souris », ce rituel, même s'il est moins universel, permet à l'enfant de supporter l'anxiété que génère la perte des dents. Ces angoisses s'avèrent parfois très importantes. Elles naissent du sentiment d'amputation d'une partie de soi et des remaniements internes que cela traduit chez des enfants qui, en dehors de cas particuliers (lorsqu'ils ont déjà été victimes d'accidents ou de maladies graves, par exemple), n'ont pas encore fait l'expérience d'atteintes dans leur chair. Les nombreux rêves qui ont pour thème la perte de dents, les dimensions symboliques qui leur sont souvent associées (l'idée de force liée à la morsure et aux animaux carnassiers, de la beauté qui se rattache à leur blancheur ou de la richesse – « rêve de dents, gain d'argent ») soulignent tout l'impact que cela a et qui persiste inconsciemment parfois jusqu'à l'âge adulte. Aussi, la pièce censée compenser la perte de la dent est la prime qui vient gratifier ce passage. La souris est l'émissaire idéal, gentil et inoffensif, qui croque de ses grandes incisives la vie en toute innocence et sourit à l'existence. Mais elle ne peut se passer de ces dents généreusement offertes, à la différence de l'enfant qui, une fois les dents de lait perdues, a grandi et ne doit plus se comporter comme une petite souris.

La mort et le deuil

La première des difficultés, lorsque l'enfant est confronté à la mort, est sans doute celle que ses parents éprouvent à lui en parler. Face à leur propre douleur, associée à la crainte de la communiquer à leur enfant, ils préfèrent bien souvent garder le silence.

Dire la mort

Les parents de Dimitri, que j'ai suivi il y a quelques années, m'appellent un jour, alarmés. Dimitri va bien, c'est un élève studieux et un enfant agréable qui ne pose plus de problème particulier. Mais voilà, un drame vient de toucher leur famille : la belle-sœur du papa, qui est aussi la marraine de Dimitri, vient de décéder des suites d'un accident de la route.

– Il l'adore, me précise le père, et nous ne savons pas comment lui annoncer la nouvelle. Il était en colonie quand c'est arrivé. Nous n'avons pas voulu lui... gâcher les vacances, continue-t-il après une hésitation. Mais il rentre demain. Nous ne pourrons pas lui cacher longtemps la vérité.

Le silence et les non-dits ne protègent pas l'enfant des réalités de son existence. Il est naïf et néfaste de croire que l'enfant ne souffre pas de ce qu'on ne lui a pas dit. Sensible à nos réactions, à nos attitudes, à notre humeur ou notre énervement, il ressent la gêne, la tristesse ou le malaise que l'on peut porter ; vigilant aux propos qui nous échappent, aux mots échangés derrière la porte, il entend une information tronquée qu'il interprète à sa façon. Ainsi, à son incompréhension s'ajoute l'angoisse d'un danger qu'il ne peut évaluer : « Si maman ne me dit rien c'est que ça doit être terrible... », pourrait-il en substance être amené à penser. La culpabilité (« si on ne m'en parle pas c'est peut-être que je suis responsable de ce qui arrive ») qui alourdit ce qu'il éprouve, se nourrit des différents sentiments (colère, jalousie, rancune...) qu'il a pu tout naturellement, au cours des différents moments passés ensemble, éprouver à l'encontre du défunt. L'enfant de l'âge de raison veut comprendre, et il utilise pour cela les indices qui sont à sa portée. À partir de ce qu'il perçoit, il reconstruit une histoire dans laquelle sa personnalité d'enfant lui fait occuper une place centrale. Les pensées sombres qu'il a pu avoir envers le défunt, les gestes violents ou les manifestations de colère ou d'agressivité, tout ce qu'il a pu dire ou faire et que son entourage a qualifié de « méchant », peuvent alors ressurgir et être intégrés comme à l'origine de la maladie ou de la mort. À l'instar de Maxime qui a longtemps cru être responsable de la tumeur des os dont sa petite sœur est décédée : elle avait été découverte fortuitement à l'occasion d'une fracture du tibia, dont il s'était senti responsable. Alors qu'ils jouaient ensemble, il l'avait malencontreusement poussée et la chute avait favorisé une fracture, en l'occurrence quasi inévitable en raison de la fragilité osseuse due au cancer. La culpabilité d'avoir, après sa naissance, tant voulu voir « disparaître » celle qui avait pris sa place a fortement contribué à cette conviction.

Parler de la mort aux enfants de 6-11 ans

• La première règle est de ne pas éviter le sujet lorsqu'il se présente, à la mort d'un proche ou lorsque se déclare une maladie incurable, et que l'enfant nous interroge sur ce qui se passe. Le silence ou les faux-fuyants pourraient donner l'impression qu'il y a quelque chose de pas naturel ou

d'inavouable. Si cela s'avère trop difficile pour des raisons de malaise personnel ou de doute sur la façon de le faire, n'hésitez pas à le dire («il s'est passé quelque chose de grave, mais je ne sais comment t'en parler») et confiez la mission à quelqu'un de confiance («je suis trop triste pour en parler, mais papa va te l'expliquer») ou utilisez les livres pour enfants ou les bandes dessinées écrites sur le sujet.

• Une deuxième règle consiste à toujours utiliser des mots simples, mais vrais, que l'enfant comprend, et bien écouter ses remarques faites en retour, qui sont souvent des questions à demi masquées. Lui faire des réponses courtes, en lui laissant le temps de les assimiler et en gardant en tête qu'il sera sûrement nécessaire d'en parler par petites touches, à plusieurs reprises. On ne peut malheureusement pas se débarrasser de la tâche en se disant que ce qui est dit l'est une bonne fois pour toutes !

• La règle fondamentale reste cependant d'éviter à tout prix les périphrases ou les métaphores, «il (elle) est parti(e) pour un long voyage» ou «il (elle) est au ciel», ni de comparer la mort au sommeil, «il s'est endormi pour toujours...» Cela peut nous sembler plus facile d'en parler de la sorte, car ces images nous donnent l'impression de mieux ménager la sensibilité de l'enfant, malheureusement ses réactions nous montrent le contraire : selon ce qui lui aura été dit, il peut s'installer dans l'attente désespérée du retour du mort, se trouver profondément affecté par un départ non annoncé et dont il ne comprend pas les causes (l'enfant de l'âge de raison a besoin d'explications concrètes) ; il peut développer le sentiment angoissé d'être observé en permanence (du ciel d'où le mort le surveille) ou la phobie de la pluie ou de tout ce qui vient de la voûte céleste ; enfin, la peur de s'endormir ou au contraire le désir de ne plus se réveiller pour retrouver le disparu peut aussi faire partie des symptômes secondaires à ces malencontreux euphémismes. On peut utiliser des descriptions concrètes que l'enfant de cet âge comprend bien : son cœur s'est arrêté de battre, tout son corps ne fonctionne plus, donc il ne sent plus rien et ne pense plus. Pour le préparer aux rituels funéraires, on peut lui dire que le défunt va être enseveli ou que son corps va être réduit en poussière, si est prévue une incinération, en précisant que ce dernier ne ressent plus rien.

• On conseillera également de ne pas dire les choses trop tôt, dans les cas de maladies incurables ou d'accidents mortels. La perception du temps est différente pour l'enfant, il s'écoule plus lentement et l'attente entre l'annonce d'une mort inéluctable et le décès réel peut s'avérer très angoissante. On ne le fera pas trop tard non plus pour éviter d'induire le sentiment d'être oublié ou exclu d'une expérience importante.

• On pourra rassurer l'enfant sur le caractère ordinaire de la mort : « Elle touche les personnes âgées, mais également les jeunes ; ce n'est pas une sanction, elle ne frappe pas que les méchants... et surtout, c'est parce qu'on a la chance d'être vivant que l'on peut mourir, les objets ne meurent pas ». Françoise Dolto à ce titre proposait cet adage : « On meurt quand on a fini sa vie. »

L'enfant doit également savoir qu'il n'y a pas de honte à montrer sa peine, et que la peur d'aggraver celle de l'autre en y associant la nôtre n'a pas de fondement. On peut être triste ensemble, c'est une aide qui permet de mieux supporter la douleur de la mort. Les parents cependant doivent bien sûr en être déjà eux-mêmes convaincus.

Différents médiateurs peuvent lui être proposés pour lui permettre d'exprimer ses émotions : dessins, jeux, contes qui parlent de la mort et qui favorisent les questions...

S'il a des interrogations sur ce qu'il se passe après la mort, les réponses se feront selon les croyances familiales. Cependant, il n'est pas inutile d'évoquer que certaines personnes peuvent avoir d'autres convictions. C'est une façon de le préparer aux réflexions qu'il pourrait se faire en confrontant ce qu'on lui aura dit et ce qu'il peut apprendre de la part de ses copains. Nous ne devons pas oublier que l'école est un lieu d'échanges où se côtoient des élèves de différentes origines et de cultures diverses. Vous l'aiderez à accroître son ouverture d'esprit en manifestant la vôtre, tout en stimulant l'envie de développer ses propres convictions.

Comprendre la mort

Comprendre comment l'enfant conçoit la mort et se la représente peut nous aider à mieux lui en parler. L'acquisition de la notion de mort est un phénomène progressif et variable en fonction des expériences de chaque enfant: ceux qui y ont été confrontés précocement par le décès d'un proche ou qui ont côtoyé la maladie ou en ont été victimes, en ont souvent une conscience prématurée.

Le concept de mort Il est sous-tendu par deux dimensions, l'une affective et l'autre intellectuelle.

Sur le versant intellectuel, plusieurs notions s'acquièrent progressivement:
– Vers 4 ou 5 ans, apparaît la notion d'irréversibilité de la mort («plus jamais papi ne me fera des tours de magie», «je ne jouerai plus jamais à la guerre avec mon copain Pierre»).
– L'enfant de l'âge de raison est concerné par la notion d'universalité: il comprend que la mort touche tout le monde, y compris les enfants, les jeunes, les gentils...
– La notion d'inconnu («car personne n'est encore revenu pour nous dire comment c'est après la mort») s'établit beaucoup plus tard, parfois même jamais. C'est face à cette notion troublante que les conceptions philosophiques ou religieuses tentent d'apporter des réponses. Toute la force mystérieuse et angoissante de la mort est en partie issue de la reconnaissance de cette méconnaissance.

La dimension affective consiste à apprendre à gérer une épreuve existentielle à la fois dramatique et fondatrice, car on ne peut vivre sans être conscient du caractère inéluctable de la mort. Elle renvoie à l'absence définitive de celui ou celle que l'on aime et au dénuement face à l'angoisse de la perte de l'objet d'amour.

En somme, l'acquisition de la notion de mort va de pair avec l'acceptation de l'idée d'une perte définitive de ceux, celui ou celle qui nous apportent satisfaction. Le deuil est alors le processus qui permet de concrétiser cette perte dans le réel.

D'un point de vue chronologique, la représentation de la mort par l'enfant évolue en fonction de son âge. À la différence du tout jeune enfant (jusqu'à 2 ans environ) qui n'a aucune conscience de la mort, l'enfant de la période de latence en a une vision qui lui est tout à fait propre, comme le résume le tableau page suivante.

L'association entre la mort et l'absence commence à apparaître vers 6-9 ans. L'enfant a conscience de la réalité de la mort que représente le vide provoqué par l'idée d'une perte définitive. Mais il ne fait pas encore une distinction claire entre le mort et la mort. Cette notion émerge vers 10 ans, lorsqu'il comprend le caractère universel de la mort, à savoir qu'elle touche tous les êtres vivants, car elle correspond à un principe général qui est celui de l'arrêt des fonctions biologiques.

La façon dont les parents et les proches en parlent influence bien sûr grandement ces considérations.

Les rituels funéraires

Ils ont une fonction importante pour tous les êtres humains, notamment dans le rôle qu'ils jouent pour aider à l'acceptation du décès de l'être aimé et accompagner le deuil. Aussi peut-on se poser la question d'y faire ou non participer un enfant.

Bien sûr, il n'est pas question de le forcer à participer à un rituel funéraire, mais il ne faut pas s'y opposer s'il en fait la demande. Il s'agit d'être attentif à son désir profond, car lui-

L'ÉVOLUTION DE LA NOTION DE MORT

Périodes	Conception de la mort	Représentations
• De 0 à 2 ans	• Incompréhension totale et indifférence	• Pas de représentation consciente
• De 2 à 4-6 ans	• La mort est reconnue, mais ses conséquences ne sont pas perçues : elle est provisoire et réversible	• Représentée comme l'envers du décor ; vie et mort ne s'opposent pas, ce sont des états différents, mais ni menaçants ni angoissants
• De 6 à 9 ans	• Phase concrète du réalisme infantile — passage d'une dimension individuelle (ma mort ou celle d'un proche) à une dimension universelle (tous les hommes sont mortels, à commencer par les personnes âgées), modification du sens moral : la mort comprise comme un processus naturel, biologique et non plus comme une punition — passage du réversible à l'irréversible et définitif	• Représentation concrète, personnification de la mort : cadavres, cimetières, squelettes ou tombeau
• De 9 à 11 ans	• Phase de l'angoisse existentielle : vision abstraite, accès à la pensée formelle*, introduction de concepts philosophiques, métaphysiques ou éthiques.	

même, particulièrement sensible, en ces occasions, à notre propre trouble, peut avoir tendance à calquer ses demandes sur ce qu'il pressent de nos préférences, pour ne pas en rajouter à notre peine. On sera surpris des réactions, sereines et rassurées des enfants que l'on associe ainsi en toute connaissance de cause, à l'instar de Marjorie qui s'exclame, en voyant le visage de sa grand-mère dans son cercueil, à la veillée funèbre : « Comme elle a l'air tranquille... »

Pour cela, il importe d'être bien en accord avec soi-même, pour pouvoir en parler ensuite à l'enfant.

Le deuil d'un des parents

Il arrive qu'un enfant soit confronté à la perte de son père ou de sa mère. Pour qu'il puisse résister à ce traumatisme, un certain nombre de conditions, qui favorisent un sentiment de continuité dans sa vie, doivent être remplies.

La première d'entre elles est que l'enfant ait pu bénéficier, avec ses parents, de relations harmonieuses, rassurantes et suffisamment bonnes.

Après le décès, il appartient à l'entourage de donner rapidement toutes les vérités nécessaires ; il est important que l'enfant participe aux différents rituels de deuil avec la famille et qu'il puisse après coup obtenir des réponses aux questions qu'il pourra poser en relation avec le décès.

Une relation continue et sécurisante avec le parent vivant, ou un substitut parental, permettra de poursuivre son développement. Il est normal que l'enfant traverse une période de tristesse, mais ce cadre rassurant devrait prévenir des troubles de la personnalité ou autres symptômes (angoisse, troubles du comportement, attitudes antisociales, colère...). À l'inverse, il n'y a pas forcément lieu de s'étonner, ni de s'offusquer, d'un apparent détachement : la peine ne se manifeste pas chez l'enfant de la même manière que chez l'adulte.

Un enfant peut-il aller à un enterrement ?

Entre 6 et 12 ans, il est légitime de lui poser la question directement et de lui laisser le choix d'assister ou non aux rituels funéraires. On prendra le soin de le préparer à cette épreuve, en lui expliquant en quoi elle consiste, le sens qu'elle a, comment elle va se dérouler ; on pourra évoquer les raisons de la peine ou des manifestations auxquelles il pourra assister, et lui signaler que certains adultes quand ils sont tristes ou très émotifs peuvent réagir bruyamment...

L'enfant face à sa propre mort

Dans le cadre de maladies mortelles, congénitales ou précocement acquises, il arrive malheureusement que l'enfant soit lui-même la proie de la camarde. L'enfant incurable semble parfois pressentir très jeune sa propre mort même si ce n'est pas d'une façon claire et qu'il ne peut verbaliser. L'entourage pourra s'en rendre compte à son comportement : lors d'une hospitalisation, il peut s'opposer à des soins qu'il a jusque-là acceptés sans rechigner, ou exprimer le désir subit de rentrer chez lui, alors que rien ne semble avoir changé dans sa perception de la nécessité de son traitement. Car l'enfant reste très perméable au malaise des adultes qui l'entourent.

L'important pour l'enfant est davantage de comprendre le sens de sa vie que ce à quoi correspond la mort comme processus biologique, ou les liens qu'elle peut avoir avec la maladie. Certes, il appartient, dans ces cas, plus au pédiatre ou au psychologue du service de soins d'en parler en présence des parents (au regard de la charge émotionnelle que cela peut générer, il est judicieux de demander à l'enfant s'il préfère ou non que ses parents soient là). Là encore, la priorité sera d'être à l'écoute de l'enfant, et de se laisser guider par ses questions, d'aller à son rythme, pour lui proposer des réponses qu'il a le temps d'intégrer.

C'est une épreuve douloureuse qui confronte le désespoir des parents aux sentiments que chacun peut ressentir. Les parents peuvent éprouver de la culpabilité de ne pas avoir su protéger leur enfant (de la maladie, de l'accident) ou de ne pas l'avoir mis au monde avec une santé puissante. L'enfant a parfois l'impression de ne pas être un bon fils, de faire de la peine à ses parents, de leur créer des soucis ou de les abandonner. Enfin, les soignants se sentent souvent impuissants malgré les soins, parfois douloureux, à soulager le mal, la douleur et la peine.

Il est nécessaire de ne pas cacher sa peine. Parler vrai ce n'est pas tuer l'espoir. Expliquer la maladie peut aussi être l'occasion d'évoquer les chances de rémission. Il est fondamental d'évoquer ce qu'il est possible de faire pour permettre à la vie de poursuivre le cours qu'il lui reste, de remplir celle-ci alors qu'il en est encore temps, afin de faire le plein de moments heureux et de souvenirs.

Ces derniers constituent des éléments précieux dans l'accompagnement du deuil, ils permettent d'entretenir la mémoire du défunt, et de continuer à le faire exister dans le cœur et l'esprit de ceux qui l'ont aimé.

L'important de la vie n'est pas sa longueur, mais sa richesse.

6

Avoir raison de ces difficultés

Aide et prise en charge

Les maux par les mots c'est ainsi qu'on guérit.
MC Solaar

Les différents troubles psychologiques que l'enfant peut être amené à présenter ne sont pas toujours synonymes de souffrances profondes, et les difficultés rencontrées peuvent résulter de fluctuations passagères liées à une évolution qui est le plus souvent inconstante. Les parents, qui ont su accompagner leur enfant jusqu'à cet âge de raison, possèdent bien souvent les ressources nécessaires pour répondre à une situation difficile. Une confiance assurée en leur qualité de parents et une juste attention portée à l'enfant pour le comprendre et le rassurer, permettent généralement une issue favorable. Cependant, lorsque des manifestations inhabituelles ou inadaptées surviennent, qu'elles apparaissent brutalement ou qu'elles s'installent progressivement, il est important de rester vigilant en ce qui concerne leur évolution, en particulier leur persistance dans le temps, le fait qu'elles s'aggravent ou qu'elles retentissent sur le développement même de l'enfant ou sur le fonctionnement du reste de la famille. Leur organisation en symptômes*(troubles du comportement, difficultés scolaires, anxiété ou moments dépressifs...), quels qu'en soient les facteurs à l'origine, les fonctions ou le sens qu'ils recouvrent, doit interpeller et justifie parfois une prise en charge adaptée.

L'expression du symptôme

Le plus souvent, les comportements symptomatiques ne passent pas inaperçus. Ils constituent autant de signaux d'alerte d'un mal-être que l'enfant ne peut pas toujours extérioriser autrement. Ce dernier exprime rarement de façon directe sa souffrance, en dehors des cas de pathologie anxieuse ou de certaines phobies où il identifie plus aisément la sensation de peur qui le perturbe et les agents qui en sont – pense-t-il – à l'origine. Il n'en a d'ailleurs pas non plus toujours conscience, car il ne souffre pas directement de ses conduites inadaptées : elles sont le plus souvent intégrées comme des « bêtises », terme que cautionne le discours de l'entourage, qu'il a du mal à s'empêcher de faire et pour lesquelles il sera plus ou moins réprimandé. C'est la punition ou plus généralement les conséquences de ses conduites qui peuvent l'amener à prendre conscience de ses difficultés.

La souffrance est davantage ressentie dans l'entourage, le milieu familial ou l'école, qui sont à l'origine de la demande de prise en charge.

La détresse des parents est variable, selon l'impact des troubles sur la famille et le reste de la fratrie, son retentissement sur l'évolution de l'enfant (notamment sur les apprentissages scolaires et leur traduction, les mauvaises notes), ce qu'ils perçoivent de son mal-être, mais également du regard social qu'on pourrait leur porter (« Les gens vont penser que nous sommes de mauvais parents, que notre fils est mal élevé… » s'inquiètent-ils souvent). Elle peut également ne pas être ressentie, ou minimisée. Le sentiment que quelque chose va mal n'est jamais agréable et des processus de défense se mettent naturellement plus ou moins en place : c'est le déni*, la volonté inconsciente de ne pas voir ce qui se passe ou de trouver des explications rassurantes. On évoque des particularités de caractère (« c'est sa nature », « le grand-père était pareil à son âge, ça passera avec le temps ») ou une responsabilité extérieure (« sa maîtresse ne l'aime pas »).

Un malaise similaire se retrouve dans les autres cadres de vie où l'enfant évolue, en premier lieu, l'école. Le questionnement qui anime alors les adultes est de faire la part des choses entre ce qui peut traduire un mal-être de l'enfant, et nécessite une attention particulière – une prise en charge spécifique ? –, de ce qui correspond à une atteinte aux normes et aux règles et justifie un recadrage – des sanctions ?

L'importance du symptôme, son intensité, n'a pas de lien avec la gravité ou la bénignité du problème sous-jacent. Ainsi, certaines manifestations très bruyantes (trouble du comportement avec colères, crises clastiques, agressivité…) peuvent être réactionnelles à des situations qu'il sera aisé de faire évoluer positivement, alors que des symptômes plus discrets (inhibition, isolement, prostration…) seront, par exemple, en relation avec des troubles psychiques profonds, nécessitant un suivi psychothérapique plus long.

Quelles que soient leur nature et leur intensité, deux grands types de processus peuvent concourir à l'origine des symptômes : ils résultent soit d'une discordance entre l'enfant et le fonctionnement extérieur, c'est-à-dire du milieu dans lequel il évolue (pressions éducatives ou scolaires trop fortes, conflits dont il cherche à se protéger, confrontation à des situations émotionnelles trop intenses), soit d'une problématique interne (pulsions vis-à-vis desquelles il est en lutte, sentiments œdipiens qui le partagent entre chacun de ses parents, émotions difficiles à gérer…).

Que faire en cas de problème ?

Une étape préalable peut consister à évoquer ensemble ce qui vous inquiète. Les notes de votre enfant sont en chute libre ? Il vous semble soucieux, plus fatiguable qu'à l'accoutumée, ou d'une agressivité et d'une irritabilité que vous ne lui connaissiez pas ? Parlez avec lui. Il ne s'agit pas bien sûr de lui faire des reproches, ni de lui demander des explications. Bien souvent, en dehors de situations bien identifiées (conflit avec un camarade ou l'enseignante, racket…) il aura du mal à répondre. Il est davantage question de lui manifester l'attention que vous lui portez, et de réfléchir à des causes possibles et aux solutions envisageables. Vous pourrez ainsi lui proposer de consulter pour se faire aider.

Une consultation d'ordre générale, auprès du médecin de famille ou du pédiatre qui suit habituellement l'enfant, peut alors s'avérer un moment important. Il sera possible de faire un bilan, et, si nécessaire, de réaliser des examens complémentaires, qui assureront le cas échéant qu'il n'y a rien de somatique derrière tout cela, avant que ne soit envisagée l'orientation vers un spécialiste. Une visite à l'enseignant afin de faire le point sur la façon dont les choses se passent à l'école apporte également des informations qui peuvent aider à comprendre ce qui est en jeu.

Le médecin, l'enseignant, le psychologue scolaire, en fonction des difficultés repérées, peuvent, à différents titres, aider les parents dans l'orientation vers un spécialiste. Il peut s'agir d'un(e) psychiatre pour enfant (pédopsychiatre), d'un(e) psychologue, d'un(e) orthophoniste… qu'il est d'ailleurs également possible de consulter spontanément sans avoir recours au conseil systématique des professionnels précédemment cités. De même, le choix peut se porter sur un(e) praticien(ne) du domaine privé (en cabinet libéral) ou dans le cadre d'un dispensaire ou d'un centre médico-psychologique (CMP) dépendant du secteur public. Il conviendra alors, selon la situation et le diagnostic évoqué, d'envisager, avec l'assentiment de l'enfant et de ses parents, une prise en charge thérapeutique pouvant associer ou non une psychothérapie, une rééducation ou des soins spécifiques.

Le premier entretien chez le « psy »

Les premières rencontres avec le spécialiste se chargent souvent de beaucoup d'émotion. Elles font parfois naître l'espoir (que les choses changent), la réassurance (finalement, ce n'est pas aussi dur que cela de consulter), parfois un peu de déconvenue (car tout ne se règle pas en une fois...). Il n'est jamais simple de se confier spontanément à quelqu'un que l'on ne connaît pas. La surprise peut être grande de devoir répondre à des questions qui ne concernent pas uniquement l'enfant. La crainte d'être jugé(e)s, rendu(e)s responsable(s) de la situation, ou juste de livrer des informations qui ne concernent pas l'enfant (ou pourraient le heurter), rendent parfois le(s) parent(s) réticent(s). Or, ces entretiens, s'ils ont vocation à évaluer l'enfant et ses conduites, en particulier dans ce qu'elles ont de pathologique ou de maturatif, doivent permettre également d'envisager celui-ci dans son contexte familial, dans son histoire personnelle et générationnelle, et de mettre en lumière le fonctionnement relationnel entre parents et enfant. C'est à ces conditions que peuvent s'aménager les bases d'une prise en charge adaptée nécessaire au changement.

Comme dans un livre ouvert

Lorsque je reçois Mathis (7 ans) pour la première fois, il est accompagné par sa maman. En entrant dans le bureau, je suis étonné de voir un enfant aussi apeuré. Des enfants timides, j'en ai rencontré, qui se cachent derrière leur parent ou regardent leurs chaussures pendant toute la durée de l'entretien, mais comme Mathis, jamais. Il se tient la tête entre les mains comme s'il était affecté d'une migraine insupportable, refuse de me regarder et se dissimule derrière sa mère qui s'évertue pourtant à me le présenter en l'arrachant fermement de derrière son dos. Ainsi installé de force face au bureau, il continue de se couvrir la tête de ses avant-bras repliés, l'agitant à chacune de mes questions, comme pour la protéger d'un danger qui pourrait l'affecter. Je demande à la maman de faire les présentations (Mathis refuse obstinément de répondre à mes questions) et, intrigué par l'attitude de son fils, je l'interroge sur ce qui lui a été précisé de l'entretien d'aujourd'hui :

« On lui a dit qu'il avait rendez-vous avec un spécialiste, que vous alliez voir ce qu'il a dans la tête pour comprendre ce qui cloche chez lui et qu'après, ça ira mieux… »

Je crois alors percevoir ce qui se joue dans l'esprit de l'enfant. M'adressant à Mathis :

« Ce qu'il y a dans ta tête : tes pensées, tes idées, tes envies, tes colères… personne ne peut les voir. Ni moi, ni un autre. Mon métier n'est pas de scruter les cerveaux, c'est ensemble que l'on va trouver des solutions, grâce à ce que tu auras envie de dire ou de dessiner. »

Mathis, progressivement, décroise les bras de sur sa tête, de plus en plus attentif à ce qu'il entend. Il suit tout ouïe ce que j'explique sur le déroulement des séances (la première avec sa mère, puis les suivantes juste tous les deux) et la notion de secret médical achève de le convaincre. La semaine suivante, c'est presque en courant que Mathis rejoint le bureau de consultation. Et sur le seuil de la porte, d'un ton très assuré, il demande :

« Cette fois maman, tu restes dans la salle d'attente ? »

L'avis du psy

À 7 ans, la pensée magique* peut être encore très présente. Nourrie des considérations pseudoscientifiques et fantastiques des dessins animés et des livres dont Mathis est de plus en plus friand – tout en s'appuyant sur une pensée très concrète – il s'est imaginé, à partir des quelques informations qu'on lui a données, que le spécialiste, avec son pouvoir de télépathe ou son regard « laser », allait véritablement lire chacune de ses pensées et les révéler à ses parents. La peur, la honte ou la culpabilité de se voir ainsi dévoilé ont provoqué cette réaction de protection, somme toute compréhensible.

L'adhésion du jeune patient au principe des consultations est importante pour une efficacité optimale. Elle passe par la dynamique des consultations qui doivent demeurer ludiques, et par la confiance qui se tisse avec le thérapeute (conjointement à celle que lui accordent les parents). Pour cela, la notion du respect de ses secrets est fondamentale.

Les secrets partagés

D'une façon générale, la notion de secret est essentielle en psychothérapie. Elle l'est tout autant lorsqu'il s'agit de l'enfant. Le respect de sa parole lui permet de se libérer d'un certain nombre de préoccupations qui concernent notamment ses parents et les relations qu'il entretient avec eux. Avec le thérapeute, il a l'assurance de pouvoir les évoquer sans peiner personne, ni eux, ni l'adulte à qui il se confie, puisque ce dernier n'est ni un parent, ni un ami. Bien sûr, cette règle ne concerne que le thérapeute, et l'enfant peut, à son gré, parler à qui bon lui semble de ce qui se passe en séance, et à ses parents en particulier, notamment une fois qu'il a compris ses soucis et qu'ainsi il les gère mieux. De même, il n'est pas obligé de « tout dire », et le thérapeute n'a pas la fonction de « le faire parler », ni de sonder son esprit. Cependant, respecter le secret ne signifie pas ne rien dire aux parents. Sans livrer le contenu des échanges, mais grâce à la connaissance qu'il va retirer des entretiens, le thérapeute va pouvoir leur apporter des éléments de compréhension qui leur permettront de faire face à la situation difficile et de participer eux aussi à son évolution favorable.

L'expression d'un désarroi

« Il n'y a rien à faire ! », « on a tout essayé… » sont souvent les mots qui accompagnent la première consultation. Ils traduisent à la fois le désarroi des parents et des adultes qui entourent l'enfant, et le sentiment partagé qu'aucun changement n'est envisageable. Différents facteurs expliquent cette impression. Le premier est sans doute le délai entre l'installation des troubles, la décision de consulter et la prise de rendez-vous. Le temps écoulé a permis que s'installent un certain nombre de réaménagements dans le fonctionnement familial, dont les bénéfices secondaires ne sont pas exclus (relations privilégiées entre certains membres de la famille, désignation d'un responsable à un dysfonctionnement plus général non reconnu, évitement de certaines situations au profit d'autres qui demandent moins d'efforts, et justification de conduites d'échec…). Cela peut favoriser des résistances au changement, comme peut l'encourager également la défiance éprouvée par les parents vis-à-vis du thérapeute, notamment lorsque ces derniers se sentent obligés de consulter sous la pression des conseils ou des plaintes de l'entourage.

Les réponses thérapeutiques

À partir de ces entretiens, va s'élaborer une stratégie thérapeutique qui peut faire appel à différentes techniques de soin. Bien qu'il soit dans certains cas possible d'y avoir recours, l'utilisation de médicaments ayant une action sur le fonctionnement mental est plutôt rare chez l'enfant. En première intention seront retenus les traitements mobilisant les ressources propres de l'enfant et de sa famille. Certains prennent en charge essentiellement les symptômes, d'autres s'attachent à remanier d'une façon plus globale le fonctionnement psychique de l'enfant. La famille est le plus souvent mise à contribution, elle a parfois besoin elle-même d'un accompagnement spécifique.

Le traitement du symptôme

Il s'agit, dans ce type de prise en charge, d'améliorer la conduite inappropriée ou de traiter spécifiquement le dysfonctionnement.

– **L'orthophonie** Elle prend en charge les troubles du langage. Il peut s'agir d'un simple défaut d'articulation comme de difficultés plus graves, de dyslexie ou d'un retard massif de la parole. Le soutien porte également sur la rééducation de la lecture, et/ou de l'orthographe.

– **Les rééducations psychomotrices** Elles vont agir sur la tonicité musculaire, la coordination des mouvements, la conscience et la connaissance du schéma corporel, la perception du temps et du corps dans l'espace. Elles utilisent pour cela différentes techniques, tantôt « libres », car reposant sur des règles souples, comme les jeux de balle, de ballon, d'équilibre, les activités de création (argile, peinture…), ou tantôt plus codifiées (parcours et exercices moteurs, rythmiques et musicaux). Leur intérêt est reconnu chez les enfants qui présentent des troubles moteurs isolés, maladresse, instabilité, mais également dans certains troubles des apprentissages qui mettent en jeu des difficultés de l'organisation spatio-temporelle, des tensions anxieuses majeures, ou certaines hypertonies qui rendent difficile l'expression écrite.

– **La relaxation** Cette technique intermédiaire entre la rééducation psychomotrice et la psychothérapie, s'avère très utile chez l'enfant en période de latence. La détente, à la fois physique et psychique, qu'elle génère tend à diminuer les conduites de fond qui gênent la coordination et l'exécution des mouvements ou provoquent des mouvements parasites. Il n'est pas demandé à l'enfant de se raconter, la parole et les interprétations sont délibérément mises de côté au profit des vécus plus sensoriels. Seule ou en association avec d'autres prises en charge, elle obtient de bons résultats dans le traitement des bégaiements, des tics ou des difficultés psychomotrices où se mêlent des éléments émotionnels (tremblements, instabilité du même nom).

– **Les rééducations psychopédagogiques** Elles peuvent s'associer aux apprentissages scolaires ordinaires ou les remplacer lorsqu'ils ne conviennent pas à l'enfant. Elles proposent des exercices pédagogiques adaptés, en s'étayant d'un aménagement relationnel spécifique. Leur rôle est de remédier aux difficultés d'apprentissage de la lecture et de l'écriture, de permettre à l'enfant d'accéder aux notions mathématiques élémentaires et surtout de sortir de l'échec scolaire. Il s'agit donc davantage d'enseignement que de rééducation pure, mais qui prend appui sur l'échange, la réussite et non sur la sanction. Les supports utilisés sont concrets et mobilisent des charges affectives propres à intéresser l'enfant.

– **Les thérapies cognitivo-comportementales*** Elles ont pour objectif de modifier des habitudes et des comportements inadaptés. Il s'agit pour cela de recourir à l'apprentissage de nouveaux modes de réaction face à la situation problématique par le conditionnement opérant et le déconditionnement. Dans le cas de phobies, par exemple, l'exposition progressive à l'agent responsable dans un contexte rassurant et encourageant à chaque progrès, doit permettre une désensibilisation. Contre l'énurésie, le « pipi-stop », ce dispositif qui réveille l'enfant par le biais d'une stimulation sonore ou physique à la première goutte d'urine qui humecte le drap, en est un équivalent. Associé à cela, le renforcement positif consiste à favoriser les conduites adaptées (au détriment de celles que l'on cherche à modifier) par des stimulations positives, des encouragements et des récompenses. Le semainier décoré de soleils après chaque nuit « sèche » et de petits nuages lorsqu'il y a eu un « accident » en est, dans une certaine mesure, une illustration.

Les traitements psychodynamiques

Ils regroupent des techniques de soin psychologiques, à l'instar des psychothérapies* d'inspiration analytique et du psychodrame*, qui ne s'attachent pas uniquement à régler le symptôme, mais aspirent à une évolution plus générale de la personnalité de l'enfant. Leur principe est de faire affleurer à sa conscience l'origine de ses conflits psychiques générateurs de symptômes afin qu'il trouve les moyens de mieux élaborer et surmonter ces conflits.

Que peut-il bien faire avec son thérapeute ?

En jouant avec son thérapeute, l'enfant met en scène, à son insu, ses peurs ou ses désirs, et ses interrogations profondes ou attachées à son quotidien. Cela traite de ce qu'il vit lui-même, mais peut tout aussi bien concerner ses parents, dans des scénarios où sont évoquées les situations perturbantes soit de façon explicite – chez les plus grands, qui décrivent ainsi tel ou tel moment vécu – soit de façon plus métaphorique, en ayant recours à des histoires totalement imaginées où ses proches prennent le masque de personnages fictifs.

Les modes de communication entre l'enfant et le thérapeute

Le dessin est le mode de communication privilégié de l'enfant de l'âge de raison. Il peut s'agir d'esquisses ou de représentations plus élaborées selon la personnalité de l'enfant, soucieux du détail ou prompt à croquer l'essentiel. Quel que soit le talent de l'artiste, il est convenu que ce n'est pas la beauté ou l'exactitude de l'image qui compte, mais davantage la spontanéité. Les thèmes sont tour à tour libres, au choix de l'enfant, qui va exprimer ce qu'il ressent sur l'instant, reproduire un sujet qu'il affectionne ou qu'il est assuré de réussir, ou proposés par le thérapeute, comme la mise en image d'un rêve qui l'a marqué, ou plus classiquement la représentation de sa famille, de sa maison, d'une personne de son entourage avec qui les relations posent question. Cependant, le jeune patient et son thérapeute peuvent encore avoir recours aux dialogues imaginaires. Ce terme désigne les jeux, où, à partir d'une situation donnée, ils vont développer un dialogue pour faire évoluer l'histoire. L'exemple type est le jeu avec les marionnettes, dans lequel les figurines, aux représentations symboliques – la belle princesse, le prince charmant, la méchante sorcière, le loup, le gendarme, la petite fille… – servent de support à l'imagination ; mais l'enfant et l'adulte peuvent se prendre eux-mêmes comme instruments lorsqu'il s'agit de jeux de rôles où chacun joue tour à tour un personnage (« tu serais l'élève et moi la maîtresse »).

Le psychodrame psychanalytique C'est une technique particulièrement indiquée avec les enfants en fin de période de latence (10-12 ans) ou préadolescents, encore mal à l'aise avec les thérapies en face à face ne reposant que sur le dialogue et qui dédaignent de jouer encore ou de dessiner dans le cadre d'une thérapie individuelle. Il consiste à mettre en scène dans des courtes séquences (trois par séances généralement) les scénarios imaginaires élaborés par l'enfant. Les acteurs qui l'accompagnent dans le jeu sont des cothérapeutes à qui il distribue les rôles dans ses saynètes où chacun va improviser en fonction des problématiques en question. Lui-même n'est pas obligé de jouer son propre personnage – il est même préférable qu'il le confie à un autre. Le thérapeute de l'enfant anime les séances, accompagne le choix des thèmes et l'élaboration des histoires, interrompt le jeu lorsqu'il lui semble qu'un passage signifiant est évoqué, propose des interprétations pour aider à la compréhension.Dans tous les cas, la qualité de la relation qui s'établit entre l'enfant et le thérapeute, désignée par le terme de « transfert* », est fondamentale pour une évolution optimale.

L'approche familiale

La rencontre avec les parents est indispensable dans la prise en charge psychologique des enfants et tout particulièrement de ceux de l'âge de raison. Parfois même, la famille tout entière est mise à contribution, tout au moins les frères et sœurs et les grands-parents. Est-il nécessaire de rappeler l'importance de

CHRONOLOGIE DES DIFFÉRENTS MODES DE COMMUNICATION AVEC L'ENFANT

Modes de communication	**Âges**	**Jusqu'à 3 ans**	**De 3 à 7 ans**	**De 7 à 11 ans**	**De 11 à 13 ans**	**Plus de 13 ans**
• Jeux		+++	++	+	-	-
• Dialogues imaginaires		++	+++	+	-	-
• Dessins		+	++	+++	-	-
• Dialogues		-	-	+	++	+++

l'environnement à cette période d'ouverture au monde (ces fameuses « caisses de résonance ») ?

En complément de la thérapie individuelle, il peut ainsi être proposé aux parents des entretiens réguliers, qui permettent, en parallèle du suivi de l'évolution, que s'atténuent les tensions intrafamiliales et les conflits cristallisés sur l'enfant. Sans constituer une thérapie – on parle plus volontiers d'accompagnement familial ou de guidance parentale – cette écoute régulière des parents aide à apaiser leurs sentiments de culpabilité face à une situation qu'ils pensent n'avoir pas su bien gérer seuls, le thérapeute se faisant le catalyseur de toutes les tensions, en particulier de l'agressivité dont l'enfant peut être victime de leur part.

Il s'agit moins de conseils, souvent peu suivis, même lorsque la demande émane des parents eux-mêmes, que d'un véritable travail de réflexion commune sur les attitudes les plus adaptées, des éclaircissements sur la nature de la thérapie et le fonctionnement affectif et psychologique de chacun, qui permettent aussi aux parents un réajustement. Il peut survenir sur leurs méthodes éducatives, leur transmettre un retour sur eux-mêmes ou une meilleure compréhension de leur histoire…

Dans d'autres cas, une véritable thérapie familiale* reste nécessaire. Le principe qui sous-tend son utilité est qu'une famille fonctionne comme un système en équilibre.
Lorsqu'un événement vient perturber ce fonctionnement, elle s'adapte pour retrouver un nouvel équilibre dans lequel les symptômes sont intégrés, au point parfois de participer complètement à cette stabilité nouvelle. Les bénéfices secondaires ne manquent jamais de s'installer, même s'ils ne sont pas perçus comme tels : relations privilégiées entre deux membres de la famille au détriment des autres (M. F qui ne se consacre plus qu'à son fils, pour le protéger), limitation de certaines contraintes, parce qu'elles ne sont pas supportées et risquent de faire ressurgir le symptôme (l'enfant ne va plus à l'école, les parents proscrivent le sport, ou les légumes verts qui donnent envie de vomir), transgression de règles établies dont on sous-estime la gravité... Tout cela contribue à rendre difficile la possibilité de s'en débarrasser. La mobilisation de l'ensemble de la famille permet d'envisager de retrouver un nouvel équilibre en modifiant les différentes interactions en jeu entre chaque membre.

Mon « bébé » sur le divan ?

Les psychothérapies d'enfant s'inspirent des méthodes d'analyse pour adultes. Bien sûr, il ne s'agit pas d'installer l'enfant sur un divan, comme dans la cure psychanalytique type, et attendre qu'il s'exprime spontanément. Pour que ces rencontres soient thérapeutiques, elles doivent être le lieu d'une communication véritable. Cela nécessite que les échanges se fassent dans une atmosphère affective positive et sur un mode correspondant à l'enfant. Car ce dernier n'a pas recours à la parole comme le fait spontanément l'adulte. Aussi, le thérapeute utilise des médiateurs que sont le jeu, le dessin ou les dialogues imaginaires, tels que l'enfant s'en invente lors des jeux de rôle ou de marionnettes.

L'enfant est donc reçu avec sa famille. Au cours des entretiens qui se suivent, généralement au rythme de un par mois, sont évoqués l'histoire (passée et présente) de l'enfant et de sa famille, et son fonctionnement, autour d'instants du quotidien et des moments plus difficiles ou qui ont posé problème. Sont ainsi décrits et analysés l'ensemble des différentes interactions telles qu'elles se sont tissées entre tous les membres de la famille, le rôle et la place de chacun, ainsi que l'influence qu'ils peuvent avoir sur le symptôme, parallèlement au regard même qui peut lui être porté quant à son sens et à sa fonction propre. Ces informations sont alors utilisées comme des outils pour envisager ce qui peut être mobilisé et modifié afin de permettre le changement de la dynamique familiale nécessaire à un équilibre où le symptôme, n'ayant plus sa place, devient inopérant.

Les médicaments

L'utilisation des médicaments ayant une action sur le psychisme reste parcimonieuse chez l'enfant. Elle doit prendre en compte les spécificités de l'enfant, en particulier le fait qu'il s'agit d'un être en développement dont les différents systèmes biologiques, nerveux, hormonal, etc., ne sont pas complètement matures. Certains médicaments, de par leur mode d'action ou leurs effets secondaires interfèrent ainsi dans une évolution dont ils peuvent modifier le cours de façon non anodine. N'oublions pas que la plupart de ces molécules sont avant tout expérimentées et utilisées chez l'adulte en fonction de troubles qui le concernent au premier chef.
La prescription de tels médicaments doit toujours résulter d'une juste appréciation de l'équilibre entre les risques que font encourir les effets secondaires et les bénéfices que l'on

peut en attendre, eu égard à la gravité des symptômes et de leurs conséquences sur l'enfant et sa famille.

Les molécules possiblement prescrites correspondent à quatre grandes familles :

– Les neuroleptiques dont l'action porte essentiellement sur les symptômes comme les états d'agitation majeure, les troubles graves du développement mental (autisme, psychoses infantiles), les tics lorsqu'ils sont massifs, chroniques et invalidants, en particulier lorsqu'ils retentissent sur l'intégration de l'enfant dans son milieu ordinaire, comme dans le syndrome de Gilles de la Tourette.

– Les antidépresseurs et les thymorégulateurs dont le but est d'améliorer l'humeur ou de la stabiliser ; ils agissent sur la dépression et peuvent constituer une alternative dans certains troubles obsessionnels compulsifs, en particulier lorsqu'ils comportent une forte charge émotionnelle que le jeune patient ne peut gérer, et améliorent pour certains les troubles. L'énurésie constitue pour certains d'entre eux une indication toute spécifique.

– Les anxiolytiques ont pour fonction de calmer l'angoisse et les hypnotiques agissent sur le sommeil.

– Les psychostimulants, enfin, sont utilisés dans les syndromes d'hyperactivité avec déficit de l'attention.

Toutes ces molécules ont essentiellement une activité sur les symptômes. Elles sont préconisées lorsque de par leur intensité, ils rendent impossible ou inopérante la psychothérapie seule. Mais celle-ci reste indispensable, et le choix thérapeutique de première intention.

CONCLUSION

Vers de nouveaux horizons

Lorsque l'on envisage le développement d'un individu dans son ensemble, force est de constater qu'il procède par cycles avec des périodes d'accélération, de ralentissement, voire de régression, qui sont ponctuées de moments de crises. La première épreuve est la naissance qui voit l'être humain passer d'un mode de croissance intra-utérin à un développement à l'air libre. Puis, l'enfant (sous le regard de ses parents) doit ensuite passer les deux autres caps primordiaux que constituent le complexe d'Œdipe et l'adolescence, avant d'entrer dans l'âge adulte.

L'âge de raison se définit donc moins par ses critères chronologiques (période située entre 6 et 11/12 ans) que par sa dimension dynamique. Calée entre ces deux étapes fondamentales, le complexe d'Œdipe et le début de la puberté et l'adolescence, cette période n'en demeure pas moins une phase au cours de laquelle s'élaborent à bas bruit des éléments majeurs de sa personnalité.

Dans cette étape de sa vie, l'enfant est en jachère : il engrange de nombreux savoirs, se nourrit de multiples expériences, cela dans un calme apparent et sans que l'on puisse encore présager de son évolution ultérieure. Le reflet que l'on perçoit de lui ne correspond pas forcément au portrait que l'on avait imaginé dans ses années de petite enfance.

Puisque ce n'est pas seulement une question d'années, comment savoir si notre enfant est entré dans l'âge de raison ?

On reconnaît ceux qui ont fait leurs adieux à Œdipe à différents indices. La pudeur s'installe, les interdits s'intègrent progressivement, certes avec parfois des mouvements de refus ou de rébellion, mais qui sont davantage une façon d'éprouver les limites qu'une véritable contestation. Ils se constituent une éthique propre, où la notion de responsabilité n'est pas absente. Par-dessus tout, le besoin d'intégration sociale se révèle, entre autres par l'investissement de l'école et des groupes d'enfants. Cette intense période d'élaboration mentale et d'enrichissement des systèmes relationnels qui s'amorce pour les enfants libérés de l'Œdipe pourrait se résumer ainsi : « apprendre à apprendre » et « apprendre à comprendre » les autres, la société, le monde. Il s'agit donc bien d'un âge de la raison : celui au cours duquel s'affine cette faculté propre à l'être humain de penser, de connaître, de juger. C'est également celui des raisons : car ses capacités nouvelles sont en permanence à la recherche de réponses, d'arguments, de preuves, de tout ce qui permet d'expliquer ce qui l'entoure.

On reconnaît ceux qui n'y sont pas entrés par leur difficulté à trouver leur place dans les milieux extérieurs à la famille : la scolarité est peu investie, les activités extrascolaires peu ou pas appréciées, les relations avec les copains sont limitées, les amis rares.

Enfants trop réservés ou trop conformistes, il leur importe davantage de s'ajuster à l'image que leurs parents ont d'eux. D'autres, à l'inverse, se montrent trop agités, opposant ou colériques, manifestant ainsi des vestiges de leur petite enfance, de l'époque de leurs 2 ans où, pour s'exprimer, ils n'utilisaient que le « non ».

L'inquiétude ne se justifie pas forcément. Peut-être ont-ils besoin de temps ? Se sentent-ils suffisamment assurés, ou libres de s'engager dans cette nouvelle étape ?

Le rôle de la famille sera alors d'encourager l'émancipation de l'enfant, de stimuler son désir de découverte, de favoriser sa socialisation. Trouver le juste milieu entre interdit et permission, liberté et protection. Et accepter de découvrir son enfant tel qu'il est au moment où il l'est, sans présager de ce qu'il deviendra plus tard.

Car à l'image d'un bouton de rose qui prend son temps avant d'éclore, nous ne pouvons prévoir la beauté de la plante qui va fleurir. Assurons-nous donc juste de lui apporter tout ce dont il a besoin, en juste quantité.

Afin qu'il poursuive sa route sereinement vers l'adolescence.

ANNEXES

Remerciements

À mes parents, qui ont accompagné cet âge de raison
et les suivants,

À Anne Charbonnelle, la déraison faite amour,

Au Dr Stéphane Clerget, pour ses conseils raisonnés,

À Bethsabée Blumel, qui a su, au cours de ces longs mois
d'élaboration, arraisonner tout ce travail,

À toute l'équipe de l'hôpital de jour Les Petits Loups,
qui résonne, grâce à elle, des voix joyeuses des enfants
dont elle prend soin,

Et à Mister Fang, qui jamais ne sera raisonnable.

Bibliographie

Amado G., *les Enfants difficiles*, Paris, PUF, 1955.

Angel S., *Des frères et des sœurs*, Paris, Robert Laffont, 1996.

Arbisio-Lesourd C., *l'Enfant de la période de latence*, Paris, Dunod, 1997.

Diatkine R., Lebovici S., Soulé M., *Traité de psychiatrie de l'enfant et de l'adolescent*, Paris, PUF, 1985.

Bowlby J., *l'Attachement*, Paris, PUF, 1978.

Clerget S., *Ne sois pas triste, mon enfant*, Paris, Robert Laffont, 1999.

Clerget S., *les Pipis font de la résistance*, Paris, Albin Michel, 2006.

Clerget S., *Nos enfants aussi ont un sexe*, Paris,Robert Laffont, 2001.

Dolto F., *les Étapes majeures de l'enfance*, Paris, Gallimard, 1994.

Dolto F., *la Cause des enfants*, Paris, Laffont, 1985.

Dolto F., *Psychanalyse et pédiatrie*, Paris,« Points Seuil », 1976.

Dolto F., *Parler de la mort*, Paris, Mercure de France, 1988.

Dolto F., *Tout est langage*, Paris, Gallimard, 1994.

Freud A., *l'Enfant dans la psychanalyse*, Paris, Gallimard, 1976.

Freud A., *le Traitement psychanalytique des enfants*, Paris, PUF , (7e éd), 2002.

Freud S., *Deuil et mélancolie*, in Œuvres complètes, tome XIII, Paris, PUF, 1988.

Freud S., *Trois essais sur la théorie de la sexualité*, Paris, Gallimard, 1987.

Freud S., *Inhibition, Symptôme et Angoisse*, Paris, PUF, 1968.

Houzel D., « Rêve et psychopathologie de l'enfant », *Neuropsychiatrie de l'enfant*, 28, 1980.

Gesell A., *les Enfants de 5 à 10 ans*, Paris, PUF, 1949.

Gesell A., *les Enfants de 10 à 16 ans*, Paris, PUF, 1973.

Golse B., *le Développement affectif et intellectuel de l'enfant*, Paris, Masson, 1982.

Klein M., *la Psychanalyse des enfants*, Paris, PUF, 1959.

Lanchon A., *les Droits des enfants*, Paris, Flammarion jeunesse, 2004.

Marcelli D., *Enfance et psychopathologie*, Paris, Masson, 1999.

Piaget J., *Psychologie et pédagogie*, Paris, Gonthiers-Denoël, 1969.

Rousseau J.-J., *Émile ou de l'éducation* (1762), œuvres complètes, IV, coll. "La Pléiade", Gallimard, 1990.

Valet G.-M., Lanchon A., *Moi j'aime pas trop l'école*, Paris, Albin Michel, 2005.

Winnicott D.W., *De la pédiatrie à la psychanalyse : la tendance antisociale*, Paris, Payot, 1969.

Zazzo B., *Un grand passage, de l'école maternelle à l'école élémentaire*, Paris, PUF, 1987.

Glossaire

comportementales (thérapies) Ensemble de méthodes psychologiques visant à aider un individu à vaincre des difficultés nées de son propre comportement en apprenant soit à modifier ce comportement, soit à appréhender différemment les circonstances au cours desquelles il se manifeste et ainsi à agir indirectement sur lui. Les thérapies comportementales font appel aux théories de l'apprentissage : s'appuyant sur des données expérimentales, elles considèrent que certains comportements sont soit appris par des processus de conditionnement, soit maintenus par ceux-ci et que, par conséquent, il devrait être possible de les éteindre et, si nécessaire, d'apprendre à les remplacer par d'autres comportements en faisant ainsi appel à un processus de reconditionnement.

concrètes (opérations) Dans la terminologie du psychologue J. Piaget, les opérations concrètes de la pensée apparaissent spontanément vers 7 ou 8 ans, dans tous les domaines de la pensée (cognitif, affectif, social et moral). Entre 7 ans et 11 ans, l'enfant devient capable de dépasser l'intuition, grâce à des opérations de classification, de sériation et de mise en correspondance. Comme toutes les opérations de la pensée, les opérations concrètes sont caractérisées par leur réversibilité (capacité d'exécuter une action dans les deux sens en ayant conscience qu'il s'agit de la même action). Les opérations concrètes affectent également la représentation de l'univers de l'enfant dans le domaine de la causalité et du hasard. L'enfant lors de cette période peut, aussi comprendre différents points de vue qui ne sont pas forcément les siens.

déni Mécanisme de défense qui consiste à nier une perception traumatisante de la réalité extérieure.

dyscalculie Difficulté d'apprentissage du calcul, liée à une difficulté d'utilisation du système symbolique.

dyslexie La dyslexie est une difficulté d'apprentissage de la lecture et de l'orthographe, en dehors de toute déficience intellectuelle et sensorielle, et de tout trouble psychiatrique.
Elle touche environ 8 à 10 % des enfants, les garçons étant 3 fois plus souvent atteints que les filles. Les causes actuellement reconnues de la dyslexie sont soit génétiques (fréquence significativement élevée de troubles du langage oral et écrit dans certaines familles), soit acquises (maladies atteignant le développement cérébral durant la grossesse).

égocentrisme Situation d'un sujet qui considère le monde de son seul point de vue et de son propre intérêt.
Pour J. Piaget, l'égocentrisme de l'enfant se manifeste particulièrement lors de la période dite « préopératoire » entre 2 à 7 ans. L'égocentrisme enfantin caractérise un stade de développement donné. Il a trois aspects :
- l'égocentrisme moral : l'enfant éprouve de la jalousie lors de la naissance d'un petit frère ou d'une petite sœur.
- l'égocentrisme social : lors d'un spectacle de fin d'année, l'enfant de l'école maternelle peut abandonner sa danse et ses partenaires pour observer le public ou chercher ses parents du regard.
- l'égocentrisme intellectuel, l'enfant n'échange pas de points de vue avec ses camarades. Ils expriment des sortes de « monologues collectifs ».

familiale (thérapie) Psychothérapie collective visant à traiter l'ensemble d'une famille où se trouve le patient considéré comme malade. Au lieu d'être centrée sur le cas individuel de celui-ci, l'action thérapeutique s'adresse à tout le groupe familial envisagé habituellement comme un système dont le dysfonctionnement général se traduirait par la psychopathologie particulière d'un ou de plusieurs de ses membres.

fantasme Scénario inconscient mettant en relation le sujet et un objet de désir. Le fantasme met en œuvre un noyau de réalité psychique permettant l'accomplissement partiel d'un désir inconscient.

formelle (pensée) Pensée pure, indépendante de l'action. La construction de la pensée formelle achève la genèse de l'intelligence, selon J. Piaget.

inconscient Processus et activité psychiques non conscients. Les phénomènes de transe, le somnambulisme, l'effet des suggestions dans l'hypnose, les troubles hystériques mais aussi les délires et hallucinations constituent autant de symptômes de l'existence d'une activité psychique échappant à la saisie consciente par le sujet. Plus largement, les rêves, les lapsus, les actes révélateurs, les retrouvailles avec des souvenirs oubliés ou des émotions perdues, ainsi que les mythes, etc., témoignent de la présence d'une mémoire latente et d'une imagination créatrice de formes dont le moi n'est pas maître. Enfin le surgissement d'idées non voulues, de désirs méconnus ou d'affects imprévisibles laisse deviner que ce qui vient à la conscience n'est que la partie émergée des formations de la pensée.
Selon S. Freud, l'inconscient est plutôt un lieu où s'inscrit ce dont hérite l'humain, où se représentent et se transposent les pulsions corporelles, où se répètent les expériences primordiales de plaisir comme de souffrance et où les traces mnésiques des perceptions sensorielles sont associées dans les processus de pensée. C'est en particulier le lieu d'où le refoulé, mis à

l'écart du conscient, peut faire retour en se traduisant par un symptôme ou en se déguisant pour passer la barrière de la censure.

latence (période de) Période qui va du déclin de la sexualité infantile jusqu'à l'entrée dans l'adolescence et à la puberté. On y observe : 1° une désexualisation des relations d'objet et des sentiments (prévalence de la tendresse, apparition de la pudeur, etc.) ; 2° les processus de sublimation (intérêts pour des créations artistiques, positions morales, etc.). La période de latence traduit une intensification du refoulement qui conduit à une amnésie infantile, tandis que se renforcent les identifications aux parents. Enfin, elle est liée au déclin du complexe d'Œdipe et à ses modes de résolution.

libido Énergie psychique du désir, de l'envie, des pulsions sexuelles. Ce mot emprunté au latin signifie « désir », « sensualité », « ce qui donne du plaisir ». La libido investit de son dynamisme la vie psychique dans son ensemble.

magique (pensée) Forme de pensée chez l'enfant entre 2 et 7 ans (période préopératoire) caractérisée par une confusion entre l'univers subjectif et l'univers objectif et qui se manifeste par l'animisme (les objets ont une âme) et l'artificialisme.

névrose Affection psychique dont le sujet reste douloureusement conscient et qui, malgré les troubles permanents de la personnalité qu'elle peut entraîner, n'en affecte pas profondément les fonctions essentielles. La cause des névroses est psychologique ou, parfois, biochimique. La limite avec l'état normal n'est pas nette, le sujet n'ayant pas, en général, un caractère (ou une personnalité) pathologique et restant conscient de son trouble. Les symptômes mentaux (anxiété, par exemple) peuvent s'associer à des signes somatiques (spasmes, par exemple) et à des troubles du comportement (agitation, par exemple). On distingue classiquement les névroses d'angoisse, obsessionnelle, phobique et hystérique.

Œdipe (complexe d') Ensemble des investissements amoureux et hostiles que l'enfant fait sur ses parents durant le stade phallique (attachement érotique au parent de sexe opposé, haine envers celui de même sexe tenu pour un rival) et dont l'issue ultérieure normale est l'identification avec le parent de même sexe.

opératoire (théorie) Théorie du développement cognitif due à J. Piaget. Cette théorie présente l'évolution de l'intelligence en fonction de l'âge comme une construction progressive de structures qui suit un processus séquentiel d'intégration. Les structures de l'intelligence sont formées par la coordination d'opérations, c'est-à-dire « d'actions intériorisées composables et réversibles ». Quand ces coordinations atteignent un état relativement stable, équilibré, elles constituent un stade de développement. Les stades se succèdent dans l'ordre suivant : stade sensori-moteur (de 0 à 2 ans) ; stade des opérations concrètes, qui débute autour de 7 ans ; stade ultime des opérations formelles, à partir de 12-14 ans. Entre le stade sensori-moteur et l'accès aux opérations concrètes se situe une période qui ne peut être caractérisée par une équilibration d'ensemble : la période préopératoire, siège cependant de progrès et d'acquisitions graduelles.

ordalique (conduite) Se dit d'une conduite comportant une prise de risque mortel, par laquelle le sujet, généralement adolescent, tente de se poser en maître de son destin.

phobie Peur non raisonnée et continue d'un objet, d'un être vivant ou d'une situation déterminée qui, en eux-mêmes, ne présentent aucun danger. Le sujet est conscient de l'irrationalité de sa phobie et il souffre du fait que son comportement est régi par l'évitement du stimulus phobogène et la crainte de lui être confronté inopinément.

psychodrame Technique dans laquelle le thérapeute met en scène les conflits psychiques d'un patient pour les faire jouer afin d'aider à leur résolution. Né des observations de J. L. Moreno, le psychodrame est essentiellement utilisé dans une visée psychothérapique. Cette technique a été, depuis, considérablement modifiée par les psychanalystes d'enfants, avant d'être généralisée aux adultes. Plusieurs écoles, plusieurs façons de théoriser le psychodrame ont ainsi vu le jour selon qu'on privilégie les phénomènes de groupe ou la problématique du sujet et de son désir, selon qu'on y joue des scènes fabulées ou des souvenirs précis, voire des fragments de films, des mythes, ou encore des « rôles » sociaux. Mais les références théoriques sont freudiennes.

psychothérapie Toute utilisation de moyens psychologiques pour traiter une maladie mentale, une inadaptation ou un trouble psychosomatique. Cette définition très large quant aux techniques susceptibles d'être utilisées et quant aux indications correspond à la très grande diversité des pratiques psychothérapiques et de leurs théorisations. Les formes de psychothérapies vont donc impliquer trois termes essentiels :
- le patient porteur de symptômes ou inadapté ;
- le thérapeute à la fois dépositaire de connaissances et d'un savoir-faire spécialisé ;
- un moyen privilégié de communication.

pulsion Du latin pulsio, « action de pousser ». Selon Freud, qui en fait un concept fondamental de la psychanalyse, les pulsions sont à la source de l'activité psychique inconsciente.

refoulement Processus par lequel l'inconscient met à l'écart et maintient écarté, des satisfactions pulsionnelles, souvent sexuelles, incompatibles avec d'autres exigences (morales, sociales, etc.)

roman familial Fantasme, rêverie diurne, fréquente chez l'enfant en période œdipienne, dans lequel le sujet imagine être né de parents de rang social élevé et avoir été adopté par les siens propres qu'il dédaigne. Ce concept a été avancé par S. Freud en 1909 (le Roman familial du névrosé). C'est une élaboration défensive permettant à l'enfant d'aborder le deuil de ses images parentales. Le roman familial n'est pas uniquement à situer dans le rapport parents-enfants ; il doit l'être aussi dans la fratrie car c'est une tentative pour le rêveur de se singulariser dans le groupe familial ou d'atténuer la rivalité fraternelle.

stade Étape dans le découpage de la chronologie du développement qui va du bébé à l'adolescent, fondée sur l'existence de discontinuités, de changements de rythme ou de changements qualitatifs observés dans l'évolution somatique, physiologique ou comportementale de l'enfant. Plusieurs psychologues ou psychanalystes ont proposé des systèmes de stades dont les uns se veulent généraux et valables pour tout le développement alors que d'autres ne s'appliquent qu'à un domaine plus ou moins vaste : dessin, jeu, personnalité, etc.

- **Les stades selon Jean Piaget** Il appelle « stades » des étapes qui se suivent selon des règles strictes : Le système résumé ici est celui de 1955, qui apparaît le mieux articulé. Il comprend 3 grandes périodes. La période de l'intelligence sensori-motrice s'étend de la naissance à l'apparition du langage, à la fin de la deuxième année. La deuxième période, dite « de préparation et d'organisation des opérations concrètes », s'étend de 2 à 11-12. La troisième période, dite « des opérations formelles », s'étend de 11 à 16 ans

- **Les stades selon F. Freud** Les stades sont définis par leur ordre de succession. En ce qui concerne l'évolution libidinale telle que S. Freud l'a systématisée dans la version de 1915 des Trois Essais sur la théorie de la sexualité (1905), c'est le primat d'une zone érogène, lui-même né du plaisir qui s'éveille au fonctionnement de cette zone, qui caractérise chaque stade : sphère buccale pour le stade oral, zone anale pour le stade du même nom (2-3/4 ans environ), appareil génital pour le stade phallique (3-4/5 ans), enfin le stade génital (atteint après la puberté). La période de latence (entre 6 et 12 ans) termine le stade phallique.

sublimation Selon la psychanalyse, processus inconscient par lequel des pulsions sexuelles se détournent de leurs buts originaires pour se mettre au service des objectifs culturels, sans perdre de leur intensité. Cette aptitude des pulsions à se porter sur des objets socialement valorisés met à la disposition du travail culturel une énergie considérable. Elle permet de mieux comprendre l'origine des passions élevées, comme celles que l'on rencontre dans l'activité artistique, l'investigation intellectuelle et le sentiment religieux.

symptôme En psychanalyse, manifestation comportementale d'un trouble inconscient.

terreurs nocturnes Trouble du sommeil qui survient le plus souvent durant le premier cycle de sommeil (en sommeil lent profond) et qui est caractérisé par une angoisse accompagnée de cris, de pleurs et de gesticulations.

transfert Ensemble des pensées, fantasmes, émotions visant le psychanalyste dans la cure et constituant une réactualisation de mouvements psychiques anciens en rapport avec l'histoire infantile du sujet. Le phénomène du transfert existe dans toute relation entre les sujets, qui ne savent toutefois pas qu'ils répètent à cette occasion des émotions et des scénarios installés au cours de l'enfance et refoulés.

Table des matières

INTRODUCTION

Comparaison n'est pas raison 13

CHAPITRE II

Des caisses de résonance.......................... 17

L'enfant dans sa famille.................................. 20

L'autorité des parents 32

L'autonomie... 43

La place des grands-parents............................ 51

Frères et sœurs 54

L'école élémentaire : le temps des nouvelles relations 61

CHAPITRE II

Le corps a ses raisons............................. 83

La croissance 87

La prépuberté.. 90

Les facteurs de bonne santé............................ 96

Les contraintes de l'école..............................107

Quand la petite enfance perdure......................109

Les soins spécifiques de l'âge de raison 112

Maladies aiguës – maladies chroniques 114

CHAPITRE III

... que la raison ignore 121

Troubles du sommeil.....................................125

Troubles anxieux, phobies, tics et toc...............131

La dépression infantile 140

CHAPITRE IV

Ça déraisonne 145
L'influence des modifications familiales 148
Les difficultés scolaires 150
L'enfant agité, agressif, hyperactif 157
L'enfant précoce ou surdoué 165
Il ment comme il respire 167
Vols et petits délits 171
Le racket 178
L'enfant souffre-douleur 182

CHAPITRE V

Les raisons de grandir 189
Les compétences de l'enfant 191
La sexualité infantile à l'âge de raison 206
L'estime de soi 216
Le jeu et l'imagination 220
Dieu, le Père Noël et la petite souris :
les croyances des 6-12 ans 228
La mort et le deuil 233

CHAPITRE VI

Avoir raison de ces difficultés 243
L'expression du symptôme 246
Les réponses thérapeutiques 253

CONCLUSION

Vers de nouveaux horizons 263

ANNEXES
Remerciements 271
Bibliographie 272
Glossaire 274

Également chez Larousse

Courants & pratiques PSY

Quelle différence y a-t-il entre une analyse et une thérapie ? Peut-on guérir de tout ? e peut apporter le coaching ? Quelle doit être la durée d'un traitement ? Obtient-on de véritables résultats par l'hypnose ? Que recouvrent les thérapies cognitives et comportementales ?

Ce livre, illustré de nombreux témoignages, a pour objectif de donner à ceux qui souhaitent travailler sur eux-mêmes, traiter leur mal-être, guérir leurs angoisses, des clés pour décider en toute connaissance de cause.

304 p.,5,90 €

Tocs et phobies

Comprendre pour mieux en guérir

Chacun de nous a ses petites manies ou ses rituels secrets. Mais il arrive que ces détails prennent une telle importance qu'ils finissent par empoisonner la vie quotidienne.

Longtemps ceux qui souffraient de troubles obsessionnels compulsifs (tocs) ou de phobies ont été honteux de ne pouvoir se contrôler et suscitaient les moqueries de leur entourage. Aujourd'hui, aides médicamenteuses et thérapies ont pris ces handicaps en compte.

224 p, 5,90 €

« Si tu dis NON,
je vais chez mamie ! »

Plus question aujourd'hui de reproduire les modèles d'hier : les nouveaux grands-parents sont jeunes, dynamiques et parfois encore en activité. Beaucoup d'enfants ont ainsi la chance d'avoir des grands-parents dans la force de l'âge.

Devenir grands-parents n'est pourtant pas si simple. Comment accepter ce rang générationnel de plus ?

Éclairant sur les liens très spécifiques existant entre grands-parents et petits-enfants et riche de nombreux témoignages, ce livre vous aidera à (re) penser votre rôle de grand-parent et à profiter au mieux de cette nouvelle aventure.

192 p, 15,90 €

Bien choisir sa psychothérapie

Comment s'y retrouver dans la galaxie psy ?

Jamais le monde de la psychologie n'a été aussi présent qu'aujourd'hui. De plus en plus de personnes font appel à des « psys » pour mieux se comprendre, améliorer la communication dans leur couple, décoder le comportement de leur enfant, accompagner leurs parents âgés, bien se situer dans leur sphère professionnelle...

Dans ce guide clair et vivant, illustré de nombreux témoignages, le Dr Sylvie Angel et le Pr Pierre Angel, entourés de praticiens spécialisés, font le point sur les principales approches actuelles, sans esprit de chapelle.

416 p., 19,90 €

Imprimé en France par Jouve
Dépôt légal : mars 2014
313798/04 - 11032256 - Novembre 2015
N° d'impression : 2248800G